国権と民権
人物で読み解く 平成「自民党」30年史

佐高信 Sataka Makoto
早野透 Hayano Toru

a pilot of wisdom

まえがき

佐高 信

「上からは明治だなどと言うけれど治まるめいと下からは読む」

明治改元を皮肉ったこんな狂歌がある。

「自主の主の字を解剖すれば、王の頭に釘を打つ」

自由民権運動の中ではこのようにも歌われた。

言うまでもなく、「自由民権運動」は「自由国権運動」ではない。

国権にはやはり「上から」の視点があり、民権には「下から」の響きがある。

本書『国権と民権』で、早野透は山崎拓について「背中が反り返っていない」と評している。山崎が国権派か民権派かの判定は本文に譲るが、「背中が反り返っていない」という表現は「下から」を忘れない民権派の姿勢にぴったりだろう。

国権と民権は幸福な結婚をしていたことも一時期はあったが、やはり、決定的に分かれていく。特にそれが混在している自民党に於《お》いて分裂は顕著になっていくのである。

自民党左派の一匹狼《いっぴきおおかみ》、宇都宮徳馬が指摘した如《ごと》く、もともと自民党には自由民権運動の流れを汲《く》むリベラルな系譜と、民権運動を反国家的なものとみなし、戦争中は軍人政治を推進した系譜の二つがあった。前者には国家への疑問があり、後者にはそれがなかった。

作家の城山三郎は紫綬褒章《しじゅほうしょう》の内示を受けて、それを断っている。

「あなたの言い分聞いてると、もらった方に失礼じゃないかしら」

夫人にそう言われて、城山はうろたえながらも、

「ち、ちがう。お、おれは、自分のことだけで言ってるんだ。おれには国家というものが、最後のところで信じられない。少年兵のとき、おれは……」

と反撃し、そこで絶句する（「勲章について」）。

端的に言えば、城山は先の戦争で日本は「負けてよかった」と考えるのである。負けていなければ息苦しいファッショ政治が続いていた。

しかし、岸信介を祖父とする安倍晋三は「負けてよくなかった」と考える。だから、今

度こそ勝とうと思っているように見える。

国権と民権というキーワードで現在の政治を読み解こうとする早野と私の対話は、国権の安倍に対抗した民権の加藤紘一の死から始まる。

加藤が亡くなった時、加藤と同郷の私は郷里の『荘内日報』に追悼文を書いた。二〇一六年九月二三日付でタイトルは「右翼のテロに怯《ひる》まなかった加藤紘一」である。

加藤が右翼に鶴岡の実家を焼かれたのは、当時の首相、小泉純一郎の靖国《やすくに》神社参拝を批判したからだった。右翼と国権派は、まず最初に国家ありきと考える点に於て重なる。死まで、あるいは死をこそ国家に吸収するという国権派に、民権派の加藤はあくまでも抵抗する。焼き討ちされてからも、加藤の姿勢は変わらなかった。

小泉が特攻隊員の遺書を見て涙したことは有名だが、加藤は『テロルの真犯人』（講談社、二〇〇六年）で、一国の首相なら、いや、一人の政治家なら、「この隊員に命令したのは誰だ。どうしてだ」と考えなければならないと説いていた。

そして、さらに「なぜ大西滝治郎中将が、あの特攻を命じたのか。どこで何を誤ったために、日本はそれほどまでに追いつめられなければならなかったのか」というところにまで遡って歴史を捉え直すべきだと訴えたのである。

加藤はまた、靖国神社の遊就館を訪れた来館者の次の感想を引いている。

「戦争をせざるを得なかったという言い訳は、どんなに立派な言葉で飾られても間違いである」

ところで、中江兆民は、民権には「恩賜的民権」と「恢復的民権《かいふくてき》」があると喝破した。

残念ながら、日本の民権は上からの「恩賜的」傾向が強く、下からの「恢復的」側面が弱い。なぜ弱いのか？

民権が国権を意識せず、それとの緊張関係をもたなかったからではないかと私は考える。

兆民は国権派の祖ともいうべき頭山満《とうやまみつる》と個人的にも親しかった。そして、その交友の中から、互いの思想の核を学び合ったのではないかと思うのである。

いずれにせよ、緊張関係は大事であり、その点に於て、私は丸山眞男の「忠誠と反逆」（『忠誠と反逆――転形期日本の精神史的位相』筑摩書房、一九九二年）という論文を想起する。

そこで丸山は、もし「君、君たらずとも、臣、臣たらざるべからず」を「スタティック」に受けとるならば、どんな暴君に対しても唯々諾々としてその命に服するという、きわめて卑屈な態度しかでて来ない。けれども『臣、臣たらざるべからず』という至上命題は一定の社会的文脈の下では、無限の忠誠行動によって、君を真の君にしてゆく不断のプロセスとしても発現する」はずだと説く。

そして、「『君、君たらざれば去る』といういわば淡泊な——そのかぎりで無責任な——行動原則を断念するところから生まれる人格内部の緊張が、かえってまさに主君へ向って、の執拗《しつよう》で激しい働きかけの動因となる」と指摘し、「いわゆる絶対的服従ではなくて諫争が、こうしてその必然的なコロラリーをなす」と主張しているのである。

この本では典型的な民権派として加藤と田中秀征《しゅうせい》を登場させているが、小沢一郎や山崎拓は緊張感を失わずに国権と民権の間を揺れ動いた。

また、加藤や田中の民権も小泉らの国権と緊張感をもって対峙《たいじ》したのである。そこに政治のダイナミックスを読みとることができる。

田中は近著『自民党本流と保守本流——保守二党ふたたび』（講談社、二〇一八年）の中で、私流に言う国権派と民権派のフロンティアに岸信介と石橋湛山《たんざん》を挙げている。岸の流れを汲む福田赳夫《たけお》の書生だった小泉と岸の孫の安倍晋三はその意味で、まぎれもなく国権派であり、湛山がかわいがった池田勇人《はやと》がつくった宏池会《こうちかい》に属した宮澤喜一と宮沢に深く信頼された田中秀征がまじりっ気のない民権派である。もちろん、一時、宏池会の会長だった加藤が民権派であることは言うまでもない。

湛山との関係で言えば、『良日本主義の政治家――いま、なぜ石橋湛山か』（東洋経済新報社、一九九四年。岩波現代文庫化にあたり二〇〇四年『湛山除名――小日本主義の運命』と改題）を書いた私は、それを宮澤に送って、湛山に傾倒する宮澤から一夕ごちそうになったことがある。田中は、石橋内閣の官房長官だった石田博英の秘書をしていたので、湛山の孫弟子を自任する。

田中を通じて教わった湛山の考えで刮目《かつもく》したのは、共産主義思想を恐れないということだった。国権派はそれが国家を危うくするとして、多大なる恐怖心から抑圧しようとするが、民権派の湛山は、自由主義経済は共産主義に負けるはずがないと言って、堂々と競争しようとする。

よく、現代風に言えばリベラルの民権派に右翼や国権派は「容共」のレッテルを貼るが、湛山や田中は「容共」というより「競共」である。

その姿勢は共産主義国家となった中国に対して明確な違いとなって顕現する。岸や小泉の師匠の福田は台湾との親交を大事にして中国を遠ざけようとした。その反共傾向は安倍に於て極まる。

それに対して、湛山や池田が重用した田中角栄、そして角栄の盟友の大平正芳の弟子の加藤は中国との友好に力を尽す。国権派と民権派の違いはここでもはっきりするのである。民権派は中国との関係だけを大事にしたのではなく、アメリカとの関係と同じようにそれを大切にせよと主張した。

しかし、ここに登場する政治家で言えば、小泉はアメリカ一辺倒となり、中国との友好を発展させようとはしなかった。それどころか、靖国神社に参拝して、一気に関係を冷却させたのである。

いわば小泉は、日米関係と日中関係という二次方程式を解けなかった。小泉が抜擢《ばってき》して次に登場した安倍は一次方程式も解けず、安倍の後継の福田康夫は最初から解く気がなくて、麻生太郎に至っては方程式の意味がわからなかった。

私がつくったこの比喩はわかりやすいと受け入れられたが、私は民権を理解しない国権派には外交はできないのではないかとさえ思っている。

まともな国権派のレベルに達していない安倍や麻生には「バカな大将、敵より怖い」の危険さえある。

田中秀征と親しい小泉や、小泉の下で自民党の幹事長を務めた山崎拓、そして山崎、加藤、小泉のＹＫＫが対抗した経世会の小沢一郎という構図で対話は進行していくが、最後に、早野と私が共に近かった土井たか子に話は及んだ。女性が活躍してこそ民権の時代は来る。戦中までは選挙権さえなかった女性については民権というより人権だろうか。

小泉や小沢と私は同じ年に同じ大学を卒業している。早野と私は同い年であり、そういう意味では同時代政治史である。

私はいま、心許した友との対話という形でしか達し得なかった高みに至ったという自負を持っている。それが読者に深みとしても受け取られれば幸いである。

二〇一八年七月一八日

目次

転換期の苦悩を生きる／近代日本における差別と格差／農村自体を近代化しようとする志向／魯迅とつげ義春を重ねて読む／人間の最後の抵抗の気持ち／「民権」がはらみうる、もっとも深い人間観／「加藤の左利きを直す」／加藤は小泉を羨望したのではないか／安倍時代の底知れない沼／民権派の挫折した革命家

第三章　田中秀征の「民権思想」

民権派には「生活」がないのか？／田中秀征の「民権と官権」／政治に対する知的アプローチ／革新なのか、革命なのか／自民党綱領から改憲を外そうとした／井出一太郎という民衆指導者／自民党の中のふたつの流れ／「マルクス主義は口汚い」／演説という「民衆芸能」／政治は皆が幸せになるためにある／自民党を割り、新しい政治へ／小沢対秀征という理論対立／「自社さ」の否定的触媒は小沢／小沢の吉田茂的な国権／角栄は本能的な社会民主主義者／秀征と二階が並ぶ光景

第一章　加藤紘一の死

▼「国権と民権」――明治以来のスパンを持つ概念

佐高　私は、いまの政治状況を語るキーワードは「国権と民権」だと思っているんです。もちろんそれは、最近、当たり前のように使われる「保守とリベラル」という言い方と重なる部分も大きい。

ただ、リベラルというと早野さんや私は、戦後民主主義を牽引《けんいん》した思想家の丸山眞男が「ある自由主義者への手紙」で書いたように、共産主義にもシンパシーを持ち得る思想としてのリベラリズムを思い出してしまうけれど、現在のリベラルというのは、ソ連・東欧崩壊後に定着した、野党的反対派を指す言葉であるという気がします。ここはむしろ「国権と民権」という明治以来のスパンを持つ概念を縦横に使って、混迷する一方のいまの政治をあぶり出してみたい。

早野　いきなり強引な佐高信の問題提起だね。言わんとするところはわからないではないが、納得がいくわけでもない。

佐高　まあそこは、早野さんと私ですから、話を進めるうちに深めていけるのではないか、と。

早野　相変わらず行き当たりばったりだな。まあ、いいや。

佐高さんが「国権と民権」という、ある意味で古風な概念装置を思いついたきっかけは何なの？

佐高　リベラルの中心人物と言われていた加藤紘一が二〇一六年に亡くなったことが引き金ですね。昨年（二〇一七年）、加藤の追悼文集が出たんです。なんで肝心の私に書かせなかったのだと、加藤紘一の奥さんに文句を言いましたよ（笑）。それはともかくとして、加藤紘一という政治家は何だったのか。

加藤紘一は、早野さんの中でも、近かった政治家の三本の指には入るでしょう？

早野　いや、三本の指となるとどうかな。巨大な一本が田中角栄でしょう。ええと、それからだな……。

僕らのような政治記者の世代感からすると、まずなんといっても、三角大福中（三木武夫、田中角栄、大平正芳、福田赳夫、中曽根康弘）が起点になるんです。三角大福中の英雄時代が去った後が、ＹＫＫ（山崎拓、加藤紘一、小泉純一郎）ということですよ。正確に言うと、去りかけたときに、次の時代を担うべくYKKが台頭したということですね。
たしかにその中では、いちばん親近感を持ったのはやはり加藤紘一だろうね。

▼「加藤の乱」に気持ちが騒ぐ

佐高　加藤の印象というのは、早野さんにとってはどんな感じになりますかね？

早野　いちばん気持ちが湧き立ったのは、やはり「加藤の乱」だね。あれは二〇〇〇年一一月か。このとき加藤は宏池会会長。森喜朗内閣不信任案を野党が提出しようとすると、加藤が賛成すると言い出した。そして山拓（山崎拓の愛称）も同調の構えを見せる。これは一大事だということで大騒ぎになった。

佐高　加藤にとって最大の舞台であり、衰亡のきっかけにもなったわけだよね。

早野　そうです。

森喜朗という政権、これを良しとするか、良くないとするか。僕ら政治記者というのは、「国権と民権」のいわば民権派に気持ちが引かれているものなんだ。また、そうでなくてはいけないと思う。その立場からすると、森喜朗というのは違和感のある妙な政治家だった。共感が持てない。統治者としての用意周到さとか寛容さとか凄《すご》みがないのに、なんとなく幅をきかせていると、そんなふうに自民党内でも位置づけられていた。人間的には悪い男でもないいんだけどね。

ただ、何をもって彼の政治とするのか、それがよくわからなかった。たぶん加藤紘一はそこに苛立《いらだ》ったんでしょう。もちろん肌合いも森喜朗とはまったく合わなかったでしょう。

佐高　森は首相に選ばれた過程も不透明だったし「神の国」発言があったり、側近で内閣官房長官だった中川秀直のスキャンダルがあったりで、支持率も相当低かったですよね。

早野　野党が内閣不信任案を出すのはいわば恒例行事でもある。ところがそれに与党自民党の、いわばエースとも言うべき加藤紘一が賛成するというのは、一体どういう事態なのかと、皆が仰天したわけだな。

佐高さんはどんなふうに見ていましたか？

佐高　まず、森は首相になるべき人ではないと思っていました。横町の親父《おやじ》みたいな人なんだ。私は取材したことがあるけど、早野さんが言うように、悪い人ではない。ただ、やはりあの知性のない右派ぶりというのは、首相にあるまじき存在ですよ。

一方、加藤とは、私は古い付き合いなわけです。私は山形の酒田生まれで、加藤は鶴岡出身。酒田と鶴岡の出身学生が入る荘内館というのが駒込にあって、そこに私は入っていたんだけど、加藤の兄貴も入っていた。だからずいぶん因縁が古いんです。後で詳しく話すつもりだけど、加藤の後援会報の第一号は私が編集したんです。『社会計画研究会報』というんですけどね。

▼共産党の存在を認めていた

早野　第一号というと、加藤が議員になった直後ということでしょうから、それは古いね。

佐高　私が編集して、埋め草記事も書いたんだ。

早野　それはずぶずぶな関係だね。そのとき佐高さんはどういう立場だったの？

佐高　付き合いがあるとは言え、自民党の政治家を手伝うというのは、ちょっとまずいかな、という感じでしたよね。

早野　いや、立場というのは、要するに風来坊の評論家だったの？　ま、いまでもそんなもんだと思うけど（笑）。

佐高　風来坊の評論家と見ていただいていっこうにかまわないんだけど、当時は「現代ビジョン」という経済誌の編集部に入っていました。

加藤の後援者で中村信雄さんという人がいて、私にとっては荘内館の先輩なんです。加藤のブレーン中のブレーンですね。がんセンター総長だった杉村隆さんと東大で同期で、中村さんは学生運動をやっていた。転じて経営者になったんだけど、すごく面倒見がいい人だった。この人に聞いた加藤の話でいまだに忘れられないのがある。

中村さんは、加藤が新人代議士のころに、土井大助という共産党員の詩人に会わせたそうです。土井さんも鶴岡出身で、二〇一四年に亡くなりましたが、小林多喜二についての著作をはじめ、いろいろな本を出していた。そのとき加藤は、共産党員の詩人と臆せず向かい合い、変に斜めからじゃなくて、真正面から議論したそうです。中村さんはその姿に感心したと言っていました。私としては、自民党議員にそんな奴《やつ》がいるんだというのが発見だったわけ。ある意味で角栄なんかも身体的に共産党という存在を必ずしも敵としてではなく理解していたと思うけれど、加藤は知的にそれがわかっていたんだと思う。

いま早野さんが言った、森内閣不信任案のときに野党との共同提案に乗るという場合も、加藤にとっては案外そのハードルは低かったのかもしれない。

早野　まさにそうだと思う。いまの野党共闘には共産党も入ってるわけだし、それは極めて今日的な話でもあるな。

▼「野党と手を組むとは何だ」

佐高　「国権と民権」にも繋《つな》がるけれど、加藤は同じ民権の側に身を置く者として、共産党の存在を認めているわけだよ。共産党だからといってアレルギーを起こすような感覚は、加藤の中にはまったくない。

早野　そうなんだろうね。政治家デビューの段階で、加藤がそういう感覚を持っていたというのは、なぜなんだろうね？

佐高　そこは加藤の前史に遡らないとわからない。それと加藤の内面に深く分け入らないと。そのあたりは早野さんの書いた『政治家の本棚』（朝日新聞社、二〇〇二年）なんかを使って、後で話しましょうよ。

その前に加藤の乱の失敗の原因についてまとめましょうか。

早野　加藤の乱がどうなったかというと、加藤にとっては野党に同調するのはハードルが低かったかもしれないけれど、しかし加藤は自民党の派閥の領袖だったわけだからね、「何を考えているんだ？　自民党のことはどうするんだ？　加藤さん、いくらなんでもそれはまずいですよ」と谷垣禎一《さだかず》が立ちはだかった。

佐高　「大将が野党と手を組むとは何だ」と。

早野　そう。谷垣は「大将なんだから」と言ったよね。野党と共に、自民党総裁である内閣総理大臣を引きずり下ろそうというのでは、話の辻褄《つじつま》が到底合いませんということで諫《いさ》めて、それで加藤は諦める。

　結局、加藤は本会議場で不信任票を投じるに至らず、欠席したんじゃなかったかな。

佐高　決断までに三回ほど、やはりひとりで国会に行くとか言い出しては断念する過程があった。山拓に相談して、ホテルの裏から抜け出して国会前まで行こうとするとか、いろいろあった。娘の鮎子《あゆこ》が、「お父さん、行きなさい」と言うんだよ。

早野　鮎子がそんなふうに、けしかけたのか？

佐高　私はそういうふうに奥さんから聞きました。しかしそこに野中広務からの電話が入る。最後の脅しの電話だね。それで最終的に加藤は思い留《とど》まる。その内容は、後で問題になる汚職の話だったと思うけれど。

早野　汚職というか、脱税事件の話だよね。

▼国権と民権が火花を散らす

佐高　あのとき加藤はインターネットを使っていた。早いんだ。あのころからネットが本格的に広がるわけですよね。それで加藤は、「ネットの声は私を支持している」と言って、それに勇気づけられたという説もある。加藤は、2ちゃんねるを初期からずっと見ていたという話もしていたし、ネットの声を民の声と思い込み、それを過大に評価してしまった、と。

早野　それは面白い。面白いと言っては加藤に悪い気もするが、ネットと政治の絡みが、あの時代の加藤によって実現していたというのは興味深い。

佐高　安倍政権はネットを使って支持者を獲得しているとよく言われるけれど、ネットの初期にそれを使っていたのは加藤なんだよね。

森はそのころもちろんインターネットなんてほとんど知らないだろうからね。

早野　いまでもあまり知らないだろう。

佐高　私も他人のことは言えませんが。

とにかくいろんな面で、加藤の進みすぎた悲劇が出た感じもします。

早野　たしかにそれはある。

繰り返すことになるかもしれないけれど、野党の森内閣不信任案の決定的なきっかけというのは何だったんでしたっけ?

佐高　先ほど話した、「神の国」発言とかに対する違和感は大きい。それと、加藤からすると森政権の誕生の過程で、加藤派が外されていたわけだ。小渕が倒れた後の、野中、亀井静香、青木幹雄、村上正邦、森による密室の談合というやつね。あの談合劇には加藤派が入っていない。そういう党内政治に対しても、「何だこれは」というのがあったのではないか。

早野　そういう意味で、森対加藤というのは、自民党の中の古いものと新しいもの、国権に近いものと民権に心寄せる側、それが一瞬激しく火花を散らした事件だったとも言える。

▼坂本義和の秀才型の国際感覚

早野　ところで加藤紘一は三代にわたって国会議員をやっているよね。

佐高　いまの鮎子を含めてね。

早野　親父の加藤精三は鶴岡市長から国会議員になっているし、お祖父《じい》さんも議員をやっていたんじゃなかったかな？

佐高　お祖父さんは弁護士で、鶴岡の西田川郡の郡会議員だね。父親の精三は、利益誘導するような利権派の人じゃなかった。石橋（湛山）派と藤山（愛一郎）派を行き来していたような人です。

早野　加藤の来歴をたどると、親父が国会議員になって鶴岡から東京に出たから、加藤紘一も東京に行くことになるわけだ。それで麴町《こうじまち》中学に転校し、日比谷高校に入る。東大の理科一類を受けたけど滑っちゃって、翌年文科一類に入学する。それで坂本義和のゼミに入って、一九六四（昭和三九）年に外務省に入省する。

佐高　坂本義和は丸山門下の国際政治学者ですよね。当時の位置は革新側の新進論客という感じ？

早野　いや、年齢こそ三〇代だったけれど、すでに雑誌「世界」を中心に光彩陸離たる国際政治評論を展開していたはずだ。

佐高　西（京大）の高坂正堯《こうさかまさたか》との間で、防衛、平和、外交をめぐる論争がありましたよね。

早野　西というか右の高坂だな。

佐高　的確な指摘です。あの論争は、私も一生懸命読みました。

坂本ゼミに行くこと自体に、加藤の資質があらわれているとも言えるね。

早野　そうです。坂本義和の師にあたる丸山眞男は、日本政治思想史という思想領域ですよね。加藤紘一は、それよりも、坂本義和の秀才型の世界分析、国際感覚に引かれたのかもしれない。

佐高　それはあったんだろうね。外務省に入ることも含めて。

早野　だから、森的な旧態依然というか、かつてなくダサい保守政治を少し蔑みながら反乱を起こしたという面もあったと思うな。

佐高　森は在任当時、「鮫《さめ》の脳味噌《のうみそ》」とか言われていたけれど、なんで森みたいな奴が総理をやっていて、俺じゃないんだ、という気持ちだね。

早野　それはあったでしょう。乱を起こそうとした加藤紘一は谷垣に諫められる。その後、自民党内の底流は加藤下ろしに向かい、おそらくその潮流が加藤の脱税事件の摘発となった。二〇〇六年には加藤邸放火事件なんてのもあったし、でもその後も日中友好協会なんかも一生懸命やっていたんだけどね。

▼本流から外れていく心性

佐高　放火事件は、加藤が小泉の靖国参拝を批判したことが原因だった。犯人は加藤のことを「中国のスパイ」とも言っていた。事件の直後、早野さんと鶴岡に行ったじゃない。あのときは鈴木邦男も一緒だった。加藤と私でシンポジウムの準備をして、私好みのメンバー、早野、鈴木でまとめようとしたら、加藤が全部佐高に仕切られるのはちょっと、という感じになって、小森陽一を連れてくるんだよ。

早野　小森陽一さんって、別段我々よりも志向が緩やかとか心が広いというタイプでもないよね。

佐高　九条の会の事務局長。文学研究者だけど社会的発言も多くて、共産党に近いと思う。そのあたり、加藤はやはり面白いんだよ。

早野　加藤紘一というのは、オーソドキシーからつい外れていくところがあったな。池田勇人―大平正芳の流れにいたわけだから、本来なら自民党本流を歩んでもいいはずなのに、ところが勝手に変に「自分は自分」みたいに納得して、そこから外れていくんだ。そんなところで外れる必要ないだろうというところでね。

佐高　いまの発言は加藤論の白眉だ。政治的にも、人間的にもね。脱税事件で自民党を離れた加藤の浪人中、私は地元のタウン誌でじっくり対談したんです。そのとき石原莞爾《いしわらかんじ》の話になった。加藤は石原莞爾と縁戚なんです。

早野　ああ、石原莞爾も鶴岡だったか。

佐高　加藤紘一の紘一は八紘一宇《はっこういちう》から取られているからね。その対談のときに庄内の人間、という話になったわけだよ。それがまさに、政治の常道の「ここに行けばいい」という路線から、ついつい外れてしまう、という話なんです。加藤は、「権力は取る気なら取れる。しかしそこでちょっとそこからズレたいという気持ちが出てくる」と言うんだ。それはある種の自己弁明でもあっただろう。けれど、加藤という人間の本質でもあると思う。
そして、石原莞爾に対するある種の共感もあったと思う。思想的共感ではなくて、主流から外れていくことへの共感ね。

早野　ついには誰もついて行かない将になってしまう、という運命ね。

佐高　つまり石原は、思想性がまったくないと言って東条英機と対立するわけでしょう。そうなると単騎出陣を考えがちだよね。加藤の乱もまさに単騎出陣みたいなものだった。

▼日本のインテリゲンチャの弱さ

早野　将たらんという自覚はあるんだけど、そうであるためには、田中角栄のように、人間関係を張りめぐらせておかなければならないはずだよ。「お前ら頼むぞ」「お前、金がないのか。ちょっと融通しようじゃないか」「今晩空いてないか。飯でも食おう」。こういういわば世俗的な付き合いの積み上げというのが、加藤は案外なかったんじゃないのかな。

佐高　角栄が早坂茂三に言ったという。「お前は、あいつは馬鹿だの何だのと言ってばかりいるけれど、東大出ばかり集めたって戦はできないんだ」と。陣営の中にはいろんなタイプの人間が必要なんだ、と。

加藤は結局、野中、古賀誠、園田博之なんかを手元に置いておけなかった。

早野 そういう意味では、加藤の失敗の原因は、日本のインテリゲンチャの弱さだったかな。その知性ゆえに現在の権力に違和感を感じ、まさに権力を求めるんだけど、権力に糾合しなくてはいけない派閥の領袖でありながら、権力を取ることに踏み出す意志が決定的に欠けている。これはギリギリのところで権力をなぜか本能的に回避するという面白い政治家だったとも言える。

佐高 そこが加藤の異端を好むところに繋がり、将になりえない、国権の側に行かないところでもあるわけでしょう。

早野 僕は新聞記者として、加藤には首傾《かし》げながらも、いつも面白い存在だと思っていた。そして加藤は常にいろんな行動を起こした。山拓、小泉とのYKKも、むしろ山拓と小泉が加藤を立てたわけだけれど、当初の期待に反して、結局小泉と山拓で政権をつくっちゃう。小泉政権では、山拓が幹事長になって、加藤は外れてしまう。

でもYKKをはじめとして、仙谷由人《せんごくよしと》だとか、枝野幸男だとか、辻元清美だとか、こういう横の不思議な繋がりが、加藤に独特の豊かさを与えていた。

佐高　自民党より、いま早野さんが言ったような政治家のほうに心情的に近いから、加藤の乱のときでも、「菅直人《かんなおと》とはすぐ携帯で繫がるんだ」みたいなことを言ってしまう。あんなこと言ったら自民党内でどんなふうに見られるか、素人にだってわかるはずなのに。

早野　加藤の乱は携帯が本格的に普及するころだったんだな。ここにインターネット時代が顔を出してくる。

▼小泉首相の靖国参拝に頑として反対

佐高　遡ると、加藤の政治家デビューのときのテーマは年金の官民格差なんだよね。年金という当時としては一見地味なテーマと、そして官民格差。これは官僚を敵に回す話ですよね。それをあえて立てたというところが、やはり加藤の民権感覚だと思うんだ。

早野　生活者に密着しようという、加藤の先駆性があるね。

そして最晩年、加藤は集団的自衛権に反対する。安倍が安保法制で集団的自衛権の導入を図る。それに対する反対の論陣を、なんと「しんぶん赤旗」（二〇一四年五月一八日付）に発表してしまうんだ。それも無論、加藤の野党側へのハードルの低さのあらわれだと思うが、それにしても「赤旗」かあ、と思いましたね。

佐高　加藤支持者は、不安に駆られるわな。ちょっと待てよ、と。

早野　加藤のいいところを知っている我々としては、そこまでやってはまずいぜ、ということになる。谷垣はいつもそれを心配し続けていましたよね。

晩年の加藤だけど、二〇一二年一二月に落選して、翌年、三女の鮎子さんに後継を頼んで引退する。そして、二〇一四年の夏にインパール殉職者慰霊の途次、ミャンマーで倒れて、二〇一六年九月に亡くなった。

佐高　葬儀は東京でやって、鶴岡でもやったはずだ。

我々が放火事件の直後に鶴岡に行ったときは厳戒態勢でしたよね。小泉の靖国参拝反対について、加藤は頑として譲らなかった。毅然《きぜん》としてましたよね。そういう面では意外に揺るがない。

早野　たしかにそうだった。現実面での頼りなさと、思想面での首尾一貫性とが共存していたね。

佐高　あのときの潔さは傑出していました。だいたいいま、焼き討ちまでされる政治家というのは、いない。

早野　思えば加藤紘一というのは、付き合ってるとおっちょこちょいなところがあって「おいおい、加藤さん」なんて言っていたけれども、振り返ってみるとなかなかの軌跡を描き上げてきた政治家だったんだな。総理大臣にはならなかったが、ならないことによって、結果的には独自性を示した。時代の中での加藤の格闘も感じることができるね。

佐高　対談のはじめに、加藤の死がきっかけで「国権と民権」について考えるようになったと言ったけど、早野さんとふたりで加藤の政治家人生をたどってみると、予想以上に発見があるね。

▼魯迅《ろじん》を原文で読んでいた

早野　「国権と民権」の、民権の幅広さと深さだな。加藤紘一がそれを全部体現していたかはともかくとして、加藤の軌跡から感じ取られた政治史の中に、民権というコンセプトへの共感が新たに甦《よみがえ》り、生まれてくる感じがする。

佐高　早野さんの『政治家の本棚』を改めて読んでみたんだけど、加藤の発言で驚くのは魯迅への愛情なんだ。加藤は魯迅を原文で読んでるわけでしょう。
　それにしても、これ、すごく面白い本だね。

早野　僕もこの対談で話のネタに使うというから、読み返してみたら、自分の本ながら意外にいいね。よくやったもんだ。同時代の政治家をおおむねカバーしているし、知られざる知的な面が出ているもんね。

佐高　それぞれの政治家が影響を受けた本を挙げながら自分史を語っていくと、彼ら一人ひとりの根っこが見えてくる。加藤の項なんて私も知らなかったことが多くて、刺激的でした。

早野　実は政治家もこういうことを語りたいんだな。普段はそんな話題は出てこないじゃない？　右行ったとか左行ったとか、裏切ったとか、儲《もう》けたんじゃないかとか、そういう話ばかりだから。

佐高　これは売れたの？

早野　増刷はしたらしい。

佐高　いまこそ文庫に入れたらいいのに。
早野　僕の本を褒めていただくのは嬉《うれ》しいんだけど、それはともかく、加藤は外務省に入ってから台湾に赴任する。そして中国共産党をテーマにして、外交官としての道を進もうと思っていた。赴任地の台湾では読むことができなかった『阿Q正伝』を、ハーバード大学留学中に一生懸命、中国語で読んでみたという。
佐高　保守政治家、自民党の政治家を見回してみたとき、魯迅をまともに読んだ人、まして原文で読んだ人って、ほかにいないでしょう。
早野　まあ、いないだろうね。

▼中国を国で見るか、民衆で見るか

佐高　加藤のようなエリートが魯迅をどう読んだかを考える前に言っておきたいんだけど、彼はすごく謙虚なところがあった。もちろん傲慢なところもあるよ。「君は東大でないのか？」みたいなことを平気で言う側面もあったけど……。
早野　それは傲慢というよりは、世間知らずで率直なところだよ。

佐高　同じ東大同士、絶妙なフォローだね。
さっき話した加藤の浪人中にふたりでじっくり話したときのことだけど、加藤は藤沢周平に近い人が親戚にいたから、会う気なら会えた。ところが会わない。会いたいと言いながら、自制するんだね。藤沢さんは文学者で、自分は政治の人間だから、彼を煩わせてはならないという感覚。政治家って、俺が会いたいと思えば皆会うだろうという尊大な勘違いがあるじゃない？　それが違うんですよね。藤沢さんと加藤は、同じ鶴岡で、加藤は藤沢周平の作品に惹《ひ》かれていた。ところがあえて求めない。これは相手の存在をしっかり認めていることでもある。土井大助という共産党系の詩人との出会いもそうだったよね。
早野　面白い。加藤紘一を入口に、我々の語ろうとしている民権の重みを感じることができる。でもこのままだと、この本は加藤紘一論になってしまうよ。
佐高　別にバランスよく政治家を語ろうというのではないから、加藤を思い切りクローズアップしてもいいんじゃない。
国権と民権を分かつひとつの視点は、共産党に対するアレルギーがあるかないかということですよね。ひいてはそれは中国に対するアレルギーがあるかどうかという分岐点にもなるわけでしょう。中国という存在を国で見るか、民衆で見るか、いま現在の脅威ということだけで見るか、かつての加害責任ということも含めて見るか、そういう話になってくる。

早野　たしかにそうだね。加藤という人は、既成の偏見とか、世間で通用している観念に、それほど囚《とら》われないいんだ。加藤の精神のありようは既成観念に引きずられるところがなかった。これは正当に評価すべきことだと思うんだ。だからといって、そこで力むわけでもないいんだな。「私は自由な精神の持ち主だ」とか力むわけじゃなくて、そこらへんのおじさんといった自然体で生きている。

▼中曽根康弘が語る「市民」と「庶民」

佐高　園田、加藤、私の三人でカラオケに行ったことがあるんです。加藤は歌が好きなんですよ。南こうせつの「夢一夜」なんかを歌ったりしていましたよ。「『夢一夜』を歌うと妻にすまないような気がしてくるんだ」と、妙なことを言っていました。

早野　ところで加藤紘一は市民というものをどう捉えていたんだろうか?

佐高　それを語るには、中曽根との対立軸を出す必要が出てくる。私の政治基盤は菅直人的な「市民」ではなく、戦争で死んだ庶民出身の戦友たちを原点とする、あくまで「庶民」だと言った中曽根。これも早野さんの『政治家の本棚』での発言でしたね。

加藤の奥さんは群馬県高崎の出身なんだけど、中曽根の娘と幼馴染《おさなな じ》みなんです。奥さんは一〇代のときにお父さんを亡くしていたから、結婚式には親代わりに中曽根が出ている。

早野　それは加藤紘一が政治家になる前？

佐高　そうです。だから加藤が政治家になるときに、中曽根からじゃあ俺のところでやれと言われるんだけど、加藤はそれを断るわけです。

早野　中曽根派でやるのは嫌だということだね。思想的に違う、と。

佐高　そういうことです。加藤は直接親父の跡を継いだわけではなくて、二期空いている。

早野　加藤としては、そろそろいいかなと見はからうように出ていったんだな。

佐高　加藤は自分で見定めて大平のところに行くんです。

中曽根がらみで言うと、ＮＰＯ法（特定非営利活動促進法）は端的に言えば、加藤と辻元清美でつくったようなものでしょう。

早野　そういう意味では、辻元というのも大した政治家だ。加藤のほうも、辻元という市民政治運動の中から出てきた本物の市民派を認めて付き合った。加藤はたぶん、ちょっとペダンティックに、俺も市民派だからという自己認識を持ってそこに関わっていったのではないだろうか？

佐高　私もそう思う。加藤がいつも言っていたのは、自社さ政権時代がいちばん楽しく、やりがいがあった、と。あのころの社会党の中心は社会党左派だよ。それにさきがけがくっついて、ＮＰＯ法案が出てくる。そして、それに中曽根がいちばん反対する。中曽根は市民という言葉が大嫌いなんです。近代的な概念にすぎない、と。

▼加藤は自己否定的に市民と出会った

佐高　庶民が基盤だと言うけれど、そして中曽根のその思いに嘘《うそ》はないのかもしれないけれど、結局それは一枚岩の国民としてあらわれてしまう気がする。やはり民権ではなく、中曽根は国権の側だよ。

早野　そうだね。

ただ、戦死した庶民を国権の源に置くというのは、中曽根の迫力ではあるな。

佐高　それは中曽根の危険な部分でもある。

ＮＰＯ法はもともと市民活動促進法案だったのですが、中曽根の意向を受けて村上正邦が強硬に反対する。それで辻元が村上邸を日曜日に急襲するという事件があった。

早野　あったね。あなた、よく覚えてるね。

佐高　私にとってもあの法案実現までの動きは、市民の政治が姿をあらわす過程そのものだったから、よく覚えているんです。そのとき村上はいなかった。それで奥さんから村上に電話がいって、辻元という人が来ているという話になる。でも最終的に市民活動促進法ではなくＮＰＯ法になって「市民」の二文字は消えてしまうわけですが。

早野さんの言うペダンティックな面も含めて、加藤は市民に民主主義の基礎を置こうとしたと言えるのではないか。

早野　それはそのとおりだろうな。さっき僕が「加藤は市民というものをどう捉えていたのか？」と問うたのは、やはり加藤の中のエリート的な部分が気になったからなんですが、そこのあたりの自己矛盾というのを佐高さんはどう見ていますか？

佐高　それは地方出身の秀才によくあることではないでしょうかね？　まさに魯迅の言う、自分の本を買ってくれた人の掌の重みを感じる、みたいな話であって、エリート的に高みに上るのはいけないという態度が身についてくるわけだよ。周囲の目を意識して、自分のエリート性を捨てなきゃいけないものだと思うわけよ。

早野　じゃあ加藤は自己否定的に市民と出会ったということか。

いやしかし、こんなに加藤紘一を分析したことってないですよ。あの世から割って入ってくるかもしれないな、「俺はそんな人間じゃないぞ」と。

佐高　「お前には自分がわかってない」と言ってやればいい。人間の評価というのは、他人が、歴史の中でやるものです。

早野　今日はあなた、珍しく冴《さ》えてるね（笑）。

佐高　まあ、加藤のことだとやはり力が入りますね。

▼園田博之という「寝業師」

早野　加藤は、この人は自分がわかってないなと思わせられることがいっぱいあった。

佐高　たくさんありましたよ。いつか新幹線で山形に帰るときに一緒になって、「園田を手放すな。園田を大事にしろ」と口酸っぱく言ったんだけど、加藤はその意味がわからない。

園田は野中、古賀に連なる根回しができる政治家ですよね。「寝業師」というあだ名もあった。細川政権のとき、小沢一郎が武村正義を切って園田を官房長官に据えようとしたが、それを断っている。そういう独特の気骨もあったんです。加藤派の中で園田なんかがもう少し大事にされていたら、加藤の乱も単身決起とならずに広がりを持ち得たかもしれない。

早野　たしかに。そこは加藤の大将としての器量、世間知の部分が問われるということだね。

一方、思想の面で言うと、遡れば彼は坂本義和ゼミ出身だから、丸山眞男・坂本義和に繋がる戦後民主主義に、憧憬と共感を持っていたんだよな。そこは思想的原点としてあるだろう。

それと、政治的には池田・大平と繋がる宏池会のリベラル保守みたいな流れ。それが交わったところに、加藤紘一は存在していたわけだね。池田・大平・加藤という宏池会の系譜は、必ずしも市民という概念と平仄《ひょうそく》が合っていたわけではないが、それでも加藤はそうした政治的立場のなかで、戦後民主主義的な理念について「それは俺もよくわかるよ」という深い理解者であろうとした。

さらに言うと、加藤紘一の心にそれなりに根付いていた市民という感覚は、丸山眞男・坂本義和的な、いわば彼にとっての知的な源泉から汲み取ったものだったと思う。

佐高　そういう意味では角栄のように大衆の存在感を身体感覚で捉えることができた人とは違うよね。そういう弱さはあった。

早野　しかしさらにまた一面、丸山眞男も坂本義和も学問の人であり論壇の人だけれど、加藤紘一という存在を通じて現実政治に影響を与えていたとも言える。加藤紘一に市民概念を継がせしめたというだけでも、思想というものの政治効果があったと思う。

佐高　うーん、加藤という政治家の重要性がますます際立ってくるね。いまの政治にいちばん失われているものが、加藤的な知性と、角栄的な身体性でしょう。

私からさらに言うと、加藤は、丸山眞男的、あるいは坂本義和的な戦後民主主義を体現した数少ない政治家であるけれど、六〇年安保のときにはもっと左だった。ブント（共産主義者同盟）の同盟員だったんじゃないですか。その意味ではマルクスにまで、左に振れた時期がある。

▼加藤が「市民」と言う重み

早野　反安保のデモにも何度も行っていたというからね。共産党とまで組むというのは何だったんだろうか？

佐高　それはやはり田舎者の誠実で、ある種の恵まれた層にいることに負い目を感じて、そこまで行っちゃうということだったのではないか。私は、テルアビブ空港で軍事作戦をやった赤軍の奥平剛士《つよし》と同い年なんですけど、どこかで自分もあそこまで行ってしまったかもしれない、という気持ちがあるんです。

早野　それは僕にはちょっとわからない。田舎者の誠実というのは純情ということ？

佐高　いや、単純に純情というのとも違って知的愚直さみたいな感じですかね。つまり、逃げるのが卑怯《ひきょう》みたいな思いがあるんだ。加藤の場合、親父が自民党の代議士だったということが、安保のときなんかは逆作用したと思うね。
それと私は、丸山・坂本のほかにもうひとり、篠原一《はじめ》も好きなんです。

早野 おお、シノピンさんな。まさに僕もいま思い出そうとしていたんだ。彼は欠かせない。

佐高 早野さんもシノピンは聴いていたんでしょう。

早野 授業を聴いていましたよ。

佐高 シノピンははっきりと「市民の政治学」と言っているよね。わかりやすいところでは菅直人なんかに影響を与えたわけだけど、いま思うと、菅よりも加藤のほうが市民主義の原理を守ったという気がする。

早野 なるほど。そういえばこの間、菅とどこかで会ったけど、彼が一貫して市民を拠点としてきたかは疑問が残るね。

佐高 良かれ悪《あ》しかれ、菅の家は焼き討ちされないわけです。

早野 いきなりそこまで話が及ぶか。しかしたしかに、加藤の家が焼き討ちに遭うということには、政治的意味があるな。時代的、歴史的意味と言ってもいいかもしれない。ほかならぬ加藤が狙われたということだ。

佐高　やられろというんじゃないけれども、菅はやられない。つまり、菅の発言のえも言われぬ軽さと、保守の自民党にいて加藤が言うことの重み……。

早野　そこだよ。菅が市民と言うのと、加藤が市民と言うのでは、加藤のほうが深いし、面白い。そういうことなんだ。菅が市民と言っても「そうだろうな」と受け流してしまうし、中曽根にあしらわれてしまう弱さもある。しかし、加藤が市民と言うと、「どういうことだ?」となるわけだ。

佐高　右と左、かつてで言えば保守と革新という二分法では絶対に見出《みいだ》せない政治のダイナミズムが、ここにはありますよね。

早野　うん。加藤がそこを自覚していたか、いなかったか。彼は自然体で言っていたような気もするけれど。だからつくづく、不思議な場所に立ち位置があった人だよね。

佐高　だから我々が評価してやらなきゃいけない。

早野　たしかにそうだ。我々くらいしかそのあたりを腑分《ふわ》けして評価することはできないだろう。時代と場を共有していないとやれないことだしね。

第二章　民権派の人間観

▼岸信介から安倍晋三に至る国権の流れ

佐高　中曽根が民主党立ち上げのときの鳩山由紀夫の「友愛」を評して言ったことがあるでしょう。「ソフトクリームみたいなもので、夏を過ぎれば溶けてなくなる」と。市民なんてそんなものだ、という意識が中曽根にはある。

あれはどこか加藤についても言っている言葉だったんじゃないか？

早野　なるほど。中曽根の潜在意識の中では繋がっているだろう。市民と民主主義の浅はかさという理解が、中曽根にはあるんだよ。僕らは、「真剣に市民としてものを言い、社会をつくっていく」なんて思っているんだけど、中曽根からすると、「何を言っているんだ。そんなかっこいいことを言って、世の中というのはそんなもんじゃない」というのがある。加藤に対してもそういう思いがあっただろう。

佐高　それと、市民というのは都市が前提になる存在でしょう。

早野　そうすると山形はちょっと当てはまらないんじゃない？

佐高　やかましい（笑）。言おうとしたことを忘れるじゃないか。

羽仁《はに》五郎的な視点になるけど、「都市の空気は人を自由にする」というテーゼからすると、青年団運動の青雲塾を設立して出立した中曽根は都市が舞台じゃない。それは青年団運動をどう評価するかということにも繋がってくる。

早野　そのあたりも面白い。

佐高　市民は根無し草にすぎないという感覚が、中曽根の中にはある。俺は違う、根っこを下ろした青年団運動から出てきた、と。俺の同志は戦死した庶民なんだ、と。そこの違いと、中曽根の自負。戦死者というのも国権の側が想像力の領域で組織したわけですよね。先ほど早野さんは戦死した庶民を自らの政治基盤に置く中曽根のあり方を、「迫力」と評したけど、死者を回収することが国権の手強《てごわ》いところでもある。その象徴が靖国神社でしょう。青年団運動は、角栄の越山会や戦後の農民運動的な民権の性格をも持ちながら、最終的に、というかあらかじめ、国権の側に束ねられていた。

でもこのあたり、たしかに中曽根も一筋縄でいかない面白さがあるね。

早野　そう。中曽根は決して軽く扱えない存在です。

それともうひとつは、岸信介から福田赳夫を経て、小泉、安倍とくる保守右派の流れを見ておく必要がある。まさに安倍政権の時代に、加藤は死んでいったわけだ。ここが重要なことだな。つまり、安倍というのは何なんだということを照らし出す、加藤紘一は大きな手がかりになるはずだ。

佐高　岸と福田の名前が出たが、福田と中曽根は政局的には対立するけれど、タカ派的国権と思想性は似ているんだ。

▼安倍的なものを歴史からあぶり出す

早野　ただやはり、岸、福田、小泉、安倍が正統な国権なんですよ。中曽根は佐高さんが言うように民権的なものを取り込んだ国権で、ちょっと独特な色合いだと思う。もちろん最終的には民権ではなく国権なんだけど。それと、小泉はわりと自由で好き勝手なところもある。

佐高　あれは博徒的国権ですね。

早野　そうも言えるな。

安倍政権という国権的日本政治のまっただ中で加藤が死んだわけだけど、誰が加藤の後を継いでいくのか。それがなかなか見当たらないんだよ。そういう意味では、加藤という政治家は日本の民権の最後の火花と言えるかもしれない。

佐高　このままでは宵の明星みたいになってしまう。だから、いまから加藤の、というか加藤的政治理念の復権運動を起こさないといけない。

早野　民権の復権が我々自身のテーマになってくるね。加藤を偲《しの》ぶだけではなくて、実践的な課題だということだな。

佐高　加藤を再検討する意味はそこにこそある。市民嫌いの安倍は幼稚だけど、幼稚であるがゆえに恐ろしい国権主義だよね。歯止めというものがまったくない。

早野　そうだね。安倍的なものをどう批判的に、歴史的にあぶり出すか。

その流れの中にもうひとり、小沢一郎がいる。小沢一郎は田中角栄の系譜の中にいるけれど、国権に重心がある。小沢は「普通の国」ということを言い出した。角栄は、経済成長と平和なんだよ。軍隊なんかそれほど要らないという立場だ。しかし小沢は、そうじゃないぞと。湾岸戦争で日本は一三〇億ドルもの資金を多国籍軍に提供したけれど、これでは国際国家として面子《メンツ》が立たないと主張した。そして普通の国として国際貢献をしなくてはいかんと問題提起し、しかしこれは一方で憲法九条があるから簡単にはいかないままに今日まで来ている。

しかし歴史的に見ると、小沢一郎というアクセントがあって、いまの安倍が出てきたわけだ。安倍は小沢よりもはるかに具体的に戦争のできる体制をつくった。戦後とは異質の時代をつくった。

加藤紘一の生きた時代の背景にある日本社会のありようをしっかり頭に置いておかないと、加藤紘一の本当の価値がクリアになってこないと思う。

▼小沢が加藤から汲み取った「市民感覚」

佐高　状況認識には共感するけれど、小沢という人は、強引にまとめると、国権から民権に行った人とも言えるよね。

早野　なるほど、その言い方もありえるかもしれない。

佐高　国民の生活が第一ということは、必ずしも国権でないということですよね。

早野　小沢の生活重視は、角栄から来ているんだよ。

佐高　そう。角栄は国権とは言えない。

早野　というか、角栄は明らかに国権ではない。

佐高　政治家において国権と民権は混ざり合うものであるわけだけど、角栄は民権に比重が置かれて、まさに混ざり合っていた。

早野　民権が八割だよ。

佐高　小沢と加藤の距離はついたり離れたりするでしょう。それはまさに小沢の国権から民権への揺れをあらわしているのではないか。

早野　なるほど。小沢がやたらと加藤、加藤と言っていた時期があるが、あれが民権に振れた時期かな。

　しかし僕の見た印象では、小沢は国権六割だな。

佐高　しかし小沢の中で民権六割に変わっていったりもする。いまや小沢がいちばん共産党に近いんですから。

早野　小沢は野党に零落しているわけだが、しかしそこではまだ旗を掲げている。これは大したものだよ。ただの権力志向ではなかったというのは、敗北というプロセスを踏んでから見えてきたことではあるが、しかし旗を下ろしてないということ、また共産党も含めた野党の共闘をさぐり続けているということは、佐高さんの言うように、民権という評価を与えてもいいのかもしれない。

佐高　共産党の佐々木憲昭だったかがしゃべっていたけれど、安倍はエレベーターの中で共産党の議員と一緒になったとき、目を合わせないらしい。そこまで偏屈というか、共産党を嫌っている。先に見た加藤とはまるで違う。ところが、いま志位和夫がいちばん信頼してるのは小沢でしょう。小沢の共産党アレルギーのなさは、加藤と同じなんだ。

早野　それは加藤から汲み取ったのかもしれないな。小沢は加藤の生き様を見ながら、自分の伴走者としてどれだけ加藤を仕立てあげるかという気分でいたような気がする。小沢は常にそうやって政局をマニピュレートする側にいるからね。そういう中で存外、逆に加藤から、市民的な感覚を吸収したのではないだろうか。小沢論はまた改めてじっくりやろうよ。

▼封建社会と民主社会の狭間《はざま》で

早野　ところで加藤の出身地の鶴岡というのはどういう所なの?

佐高　酒井氏の城下町だね。

早野　どういう風土で加藤紘一の思想が形づくられていったのかというのは大事だと思う。そして、政治家にとって選挙区というのはすごく大きな要素だ。山形の鶴岡という場所は、やはりあなたに訊《き》いてみなくてはわからない。山形のいちばん端の方だろう?

佐高　郷土自慢的な話で迂回《うかい》することになって恐縮だけど、鶴岡の北が酒田ね。この間、西郷隆盛についてのテレビ番組でしゃべったんだけど、酒田には西郷を祀《まつ》った南洲神社がある。戊辰《ぼしん》戦争の戦後処理で庄内藩に寛大な対応をした西郷を敬慕してのことなんだ。酒田はいまは零落してるけれども、幕末にかけては「西の堺、東の酒田」と言われたんです。

早野　つまり酒田は商都だったわけだな。

佐高　殷賑《いんしん》を極めた港町なんだよ。そこに大地主の本間がいた。しかし、若いテレビディレクターなんかは、まったくそんなことを知らないんだからね。

「本間様には及びもせぬが、せめてなりたや殿様に」とか聞いたことない?と訊くと、「聞いたことありません」と。「本間家ってどれくらいの地主ですか?」と言うから、「日本一の大地主だよ」と言ったら、彼は調べたみたいで、東京ドーム六四〇個分だと言ってきた。それをバックにして、庄内藩の酒井家も、本間の財によって成り立っていたわけです。

加藤の選挙区は鶴岡が本拠だけれども、酒田もなんです。加藤の話で面白かったのは、酒井家というのはいまだに序列が殿様の時代のままだと言うんだよ。だから国会議員になった後でも封建社会の序列と接点を持っていたという。加藤のところも正月には酒井家に年賀に行くそうだ。加藤の家は庄内藩でも序列が高くない。そうすると国会議員の加藤よりも、昔の家老に当たるような人とかが上席にいるわけよ。

早野　封建社会と民主社会の狭間に、山形という所は依然としてあったわけだね。

佐高　神楽坂《かぐらざか》出身の早野さんが言うと偏見を感じるけど、まあそう言えるだろうね。私は荘内館という学生寮に入って初めて知ったんだけど、酒田のような商都や港町は差別意識が強くない。ところが鶴岡はそれがきついんです。

早野　内陸の閉鎖性ですかね。

▼転換期の苦悩を生きる

佐高　それもあるし、城下町だから封建社会の身分制が残っている面がある。あるとき、鶴岡の被差別部落出身の後輩が私の部屋に入ってきて、「自分はすごく差別されてきたんです」と打ち明けた。酒田ではそんなこと聞いたこともなかったから、私は驚いてしまいましてね。

鶴岡にはご家禄派という言葉があるらしい。かつての家老を中心とするご家禄派が権力を持っていたんだよ。

早野　ずいぶんと前近代的だね。そうすると、加藤紘一が政治を志した中には、そういう封建遺制への反発というか抵抗があったのかもしれないな。

佐高　私はそれは大きいと思う。

早野　加藤紘一はそれをマルクスのように理論的に定式化したわけではないが、自分なりの政治家人生を歩んだ中で、封建主義と民主主義をいわば両生類のように自分の中に抱え込んで、転換期の苦悩を生きたのだろう。

佐高　戦後民主主義の世の中になったはずだけど、鶴岡は民主主義じゃない側面をかなり残していた。

早野　東京をはじめとする大都市では、とりあえずそういう封建的な呪縛を脱していたわけだけど。

佐高　簡単に脱したという幻想を持ってしまったからだめなのではないだろうか。

早野　それはそうかもしれない。しかしその封建遺制との葛藤に、加藤紘一の苦悩があった気がするね。

佐高　あったと思う。酒田ではなく、鶴岡だったというのも大きいよね。

早野　酒田よりももっと凝縮して封建社会が残っていたということか。

佐高　酒井家は代々続いていて、博物館の館長みたいなことをやっている。致道館というかつての藩校があるんですが、その致道館が私に講演しろと言ってきた。藤沢周平の話だったと思う。その館長は酒井の殿の子孫なわけです。会の冒頭に私の紹介として出てきて、ひとりで三〇分以上もしゃべっている。私もさすがに頭にきて、もうしゃべることはないですってケツまくったんですが。その殿様の子孫は鶴岡の名誉市民になっていた。どうして殿様が市民なんですかと、よほどそこで皮肉を言ってやろうかと思ったけど、それは思い留まりました。

早野　「そもそも吾輩は殿様である。市民じゃないぞ」と本人も言いたいところなのではないですか。おそらく潜在意識はそうなんだ。三〇分以上しゃべるという背景には、そういう心性を感じます。でも、名誉市民は名誉市民で受け入れたんだな。

▼近代日本における差別と格差

佐高　名誉は全部受け入れる。名誉でしか成り立ってない人たちだから。鶴岡の人はそれに対してはほとんど何も言わない。私は酒田なので、だからどうした？みたいな話にもなるんだけど。でもそれは私だけではなくて、酒田と鶴岡は実はものすごく仲が悪い。それを統合する庄内市というのは絶対にできないと言われているんです。

早野　加藤紘一はその両方を自分の選挙区の地盤にしていて、それもまた苦労だったろうね。

佐高　池田勇人内閣で科学技術庁長官を務めた暴れん坊の池田正之輔が米の輸送をめぐる汚職の日通事件で政界を引退した後、酒田出身の政治家はいなかったんだ。だから酒田の人は加藤に渋々入れるという状況だった。

早野　小選挙区制になって、選挙区も分かれちゃったのかな？

佐高　分かれてないんです。酒田、鶴岡、それに新庄市が加わったけれど、中選挙区時代とあまり変わらないんです。かつては二、三人通っていたのが、いまはひとりということだね。新庄からは自民党の松沢雄蔵というのが出ていた。あるいは社会党でいえば安宅《あんたく》常彦。それと、社会党から社民連に行った阿部昭吾。松沢も戦後の一時期、社会党に公認をもらおうとしていたこともあった。

たしかにいま思うと、封建制の中の抵抗というのが大きかったかもしれないね。

早野　加藤紘一は日常的にはぎこちないしゃべり方のときもあったし、演説も、すごく鮮やかという印象はない。若干の訥々《とつとつ》とした雰囲気も持っていて、あれは山形ならではだったんだろう。

佐高　加藤は麹町中学校に転校して、いきなり方言で笑われるわけでしょう。

早野　かなり苦労して東京弁を習得したらしいね。

佐高　東京は子どもも含めて、地方出身者に対して冷たいんですよ。

早野　おそらくそうだよな。方言をしゃべる地方出身者に対して、これが同じ日本人かというような印象すら持ってしまう。日本の近代史では、その落差が、いわば格差にもなり、差別としてもあらわれ、近代化の矛盾を乗り越えようというバネにもなった。

角栄も、まさにそういう偏見と差別と格差のど真ん中にいたわけだから。東京に出てきて、建築事務所を興して稼ぎながら、人間力、政治力、いろんなことを身につけていったわけです。日本の戦後政治は、田舎と都会の矛盾の狭間で進展してきたわけであって、加藤紘一もその運命の内側にいた。角栄ほどでかい仕事はしなかったが、しかし独特の知識人政治家としての彼のありようは、その中でこそ伝わってくるものがある。

▼農村自体を近代化しようとする志向

佐高　基本は農村だから、百姓から票をもらわないといけない。ある意味で、百姓は封建の塊なわけでしょう。そこに加藤の呻吟《しんぎん》もあった。彼は総合農政派とか言われていましたよね。

早野　そうだ、彼は農政をやっていたんだ。

佐高　近代化というのは、社会のある部分を切り捨てるということです。加藤が、およそ守旧派と思われる湊《みなと》徹郎とか渡辺美智雄とか中川一郎とかとも一緒にやっていたのは、その近代化の中で切り捨てられつつある部分とどう向き合うか、ということですよね。

早野　皆、総合農政派でしょう。

佐高　そう。だから加藤を単に市民を憧憬する政治家とは言えないんだな。

早野　総合農政派というのは、ただ米価を上げろという農家の利権ではなくて、もう少し大きく日本社会の中に農政を位置づけようという、知的なアプローチも含んでいましたよね。

佐高　近代化から切り捨てられがちな農村そのものを近代化しようという志向だね。

早野　だから加藤の知性には、農政と、近代民主主義的な政治が矛盾しながら共存していたんじゃないかな。

佐高　矛盾こそが知性の原点であるようなありようでね。先ほどの菅直人との比較で、菅が市民の政治を唱えるのは簡単だと言ったけれども、加藤の場合はそれを言挙げするときに、いろんな重荷がぶら下がっている。

早野　加藤論がさらに深まっていくな。本当にこの展開でいいのかな？

佐高　いや、むしろ私は、国権と民権を考える上で、これほど手がかりになる政治家がほかにいるだろうかという思いを強くしていますよ。

早野さんの『政治家の本棚』で初めて知ったんですが、加藤はずいぶんと漫画を読んでいたんだね。

早野　漫画好きだったんだよ。「ビッグコミック」は発売されるとすぐに読んでいた。

佐高　早野さんは「ビッグコミック」なんて読んでないでしょう？

早野　読んでるさ。「ビッグコミック」は必読でしょう。さいとう・たかをの『ゴルゴ13』はじめ、白土三平の『カムイ伝』、石ノ森章太郎の『佐武《さぶ》と市捕物控』、手塚治虫の『きりひと讃歌』といった名作が掲載されてきた雑誌ですよ。

▼魯迅とつげ義春を重ねて読む

早野　「ビッグコミックオリジナル」というのが、また面白かったんだよ。西岸良平の『三丁目の夕日』、ジョージ秋山の『浮浪雲《はぐれぐも》』だとか、北見けんいちの『釣りバカ日誌』とかね。
佐高　そういうのは麻生太郎的「痴性」の人が読むものだと思っていた。
早野　それはあなた、認識不足もはなはだしい。江戸時代以前の人だな。佐高信は漫画文化の凄《すさ》まじさ、深さに触れていないわけか。「ビッグコミック」は文学的水準もすごく高いんだよ。
佐高　早野さんは、いつごろから読んでたの？
早野　「ビッグコミック」は、記憶のある間はほとんどずっと読んでいた。創刊されたのは僕が大学を卒業するころだったと思う。僕の先輩記者でやはり「ビッグコミック」が好きな人がいて、衆議院の食堂で読んでいると、加藤紘一が来て、「おい君、読んでるね」と。そうすると、漫画の内容についての話で、すぐに打ち解けちゃうわけだ。
佐高　私は漫画読んでるだけで、どこか蔑むようなところがあったから。
早野　それもずいぶんな感覚だ。田舎の秀才・佐高信の限界だな。
佐高　私は秀才じゃなくて、せいぜいが田舎のはみ出し者。
早野　じゃあ、つげ義春の『ねじ式』なんかは？

佐高　前衛的な漫画だということは知っていたけれども。

早野　つげ義春は「ガロ」だな。これがまたすごく深い雑誌でさ。つげ義春については、『政治家の本棚』でも加藤に語ってもらっている。『ねじ式』とか、『李《り》さん一家』とかね。

佐高　早野さんの本でも加藤がつげ義春について語ったところは印象的でした。つげ義春の漫画の登場人物を魯迅の『阿Q正伝』の阿Qと重ねて読んで、「ドロップしたけれども、どっこい何か理屈つけて生きている」と。阿Qというのはある意味で農民より、まして市民よりもっと低い位置にいる、路上生活者みたいな存在じゃないですか。ルンペンプロレタリアですよね。加藤の読みがすごくて、阿Qの精神的勝利法、あれは普通は、支配の中で追いやられた人をカリカチュアライズして描くというふうに読まれるわけだけど、加藤はそこに生きることの最後のプライドを見てとっている。

早野　あれは感動的な読み方だね。加藤は、人間が何とかして必死に生きるということに対する深い共感をもっていた人なんだ。加藤紘一はつげ義春を読んでいる、また読み込む感受性があったということは、これはただの市民派にも収まらないですね。

▼人間の最後の抵抗の気持ち

佐高　そうですね。魯迅の『阿Q正伝』で、精神的勝利法が面白い、と加藤は言う。「どこかにプライドを残して頑張っていこうじゃないかという最後の抵抗の気持ちをかき立たせようとするところがありますね」と。これは魯迅の読み方として独自だし、加藤の根源的な人間観をあらわしているように思います。

私は、加藤にこういう芸当ができるんだと思ったことがあるんです。私が農業高校で教えているとき、先鋭的な生徒の中に、授業なんて聞かないで家永三郎の本なんかを読んでる連中がいた。そいつらが中心になってサークルをつくる。「考える足」というんです。「葦」じゃなくて「足」なんだな。

七〇年安保のころだったから、彼らは教師たちに「あなたは安保に賛成ですか。反対ですか」とアンケートを取りにいった。校長にも訊きにいった。それで校長から私に呼び出しがかかる。「こういうことをする生徒を許しておくのは問題だ」と言われた。私は「校長も安保に対して自分の考えがあるんでしょう。であれば、答えればいいじゃないですか」と返したんだけど。それで私は問題教師ということになるんです。「考える足」の中心人物だった生徒は三町歩くらい持っている家の総領息子なんです。そいつがその後、水呑百姓《みずのみびゃくしょう》の娘といい仲になっちゃう。水呑百姓は土地を持たない。その娘と付き合い出すと、親父はそれを頑として認めなかった。

この親父が加藤の後援会の支部長だったんですね。息子は親父が結婚に反対するから家を出ると言って、私はもう東京に出てきていたんですが、「先生、東京に出ていくから、職を紹介してくれ」と言うんです。私も困ってしまって、しょうがないから加藤のところに駆け込んだんだよ。

議員会館に行って、「加藤さん、どうしたものか」と。すると加藤はすぐに電話して、「親父さんやあ、いまは水呑百姓なんて言ってたってだめだもんだ。息子を信じて任せたらええ」といきなり庄内弁で語りかけるわけ。親父のほうも上げた拳の下ろしどころを探していた。総領息子だから、家出されたら困るわけです。それで親父も、「加藤先生がそう言うなら」ということで一件落着した。

パッとすぐに電話して、「親父さんやあ」と言う。そのときの加藤の呼吸は見事なものだった。

早野　それは頼りがいを感じるね。それは加藤のかなり若いころですよね？

佐高　まだ当選一回目くらいですね。

▼「民権」がはらみうる、もっとも深い人間観

早野　先ほどまで加藤の人間関係の下手さを酷評してしまったけれど、若いころにすでにそういう面もあったんだね。地元の封建的な因習に困らされている人の側に立ちたいという気持ちがあったんだろう。

漫画の話に戻るけど、加藤紘一は「漫画少年」は創刊号から読んでいて、もちろん手塚治虫を読んでいた。「漫画少年」に連載された『ジャングル大帝』も、その後「少年」に連載された『鉄腕アトム』も、読んでいる。『ジャングル大帝』は、森の中の小さな白いライオンの子どもが育っていく過程に人間と動物、西欧近代とアフリカ文明といったテーマが渦巻いていて、それはもう子どもにとっては『カラマーゾフの兄弟』くらいすごい長編で、人間社会と文明全体を鳥瞰《ちょうかん》するドラマなわけですよ。『鉄腕アトム』は、近代・現

代科学技術への希望を掻《か》き立てる、もっとも鮮やかな未来論だったわけだよ。それを加藤は吸収しているという、これは加藤紘一の欠くべからざるファクターだよ。加藤は、漫画から汲み取ったものがいっぱいあったに違いない。それが「ビッグコミック」に繋がり、「ガロ」に繋がっているわけでしょう。

だから加藤は、漫画の読み手としては、もっとも深い同時代史を歩んでいる。これはすごいことだよ。あなたにこのすごさがわかるかどうかは疑問だけど。

そして加藤はつげ義春に感動している、これが素晴らしいな。つげ義春はね、人間のいちばん悲しい部分、人間存在の悲しさ、それを描いているんですよ。そこに、加藤紘一は自分の心の中に触れるものがあったんだね。だから加藤は、ただの気の利いた知性の男ではない。市民派という言葉でも語りきれない。そういうことを表立って言いふらしたりしないし、できないけれど、心の中に深い悲しみを持っていたのかもしれない。悲しみに共感する感性を持っていたのだろう。人生というのは、人間社会というのは悲しいものだというう、そういう見定めがきっとあったに違いない。そうじゃないとつげ義春には反応できないな。

佐高　それは、藤沢周平の書く、生きる悲しみに通じるかもしれない。加藤は、そういうことは自分より藤沢のほうがはるかに深く表現しているから、自分はそこに簡単に立ち入るようなことはしない、と考えたのではないか。加藤が共産党に偏見を持たない理由というのは、政治的認識以前に、彼の人間観が関わっているのかもしれませんね。あらゆるタイプの人間が根源的に生きるということに敏感な感受性を持っていた。

これは、民権という立場がはらみうる、もっとも深い人間観ではないか。

▼「加藤の左利きを直す」

佐高　それと早野さんがいま話した『鉄腕アトム』だけど、あの近代科学主義は封建的なものとは相容《あいい》れないわけだよね。それと同時に手塚治虫はその挫折も描こうとしていたと思う。つまり、科学技術が戦争として使われてしまうことへの危機感ですよね。

加藤紘一は中曽根内閣で二回、防衛庁長官をやることになる。山崎拓が中曽根に、「なんで加藤のような不向きな男を防衛庁長官にしたんですか？」と訊くと、「加藤は左利きだから、それを直すためにやった」と答えたそうです。中曽根から見れば、加藤は左に傾きすぎる、と。それを将来の指導者として直しておかなければいけないと思ったんだろうね。

早野 それと、中曽根は加藤を使えると思ったわけだよ。中曽根の中にも、右の愛国主義だけでなく、どこか左の感覚もないわけじゃない。

佐高 一九八六（昭和六一）年の衆参同時選挙のときに、「自民党はウイングを左に伸ばした」とか言っていたものね。たしかに、八六年以降は靖国公式参拝はせず、中国外交に力を入れたし、八七年のイラン・イラク戦争のときに自衛隊をペルシャ湾に派遣しようとして、官房長官の後藤田正晴に反対されて断念してもいる。

早野 いまの政治家の独善的なナショナリズムからすれば、中曽根は柔軟性を持っていたと思う。加藤については、「こういう存在も一応俺の視野の中に入っているぞ」と見せたかった。加藤紘一の登用によって、中曽根は自分の幅の広さを誇りたかったところもあるはずですよ。記者の僕たちのほうが、「おい、加藤が防衛庁長官かよ」って思ったものね。

佐高 中曽根の中にはどこかで先ほど話した奥さんとの因縁もちらっとあったんだろうな。だから、一期だけじゃ左利きは直らないと、二期やらせた。防衛庁長官のポストには瓦《かわら》力《つとむ》が待機していたから、これは大平派に対する嫌がらせでもあるわな。
早野　もともと加藤は、大平内閣の官房副長官だからね。そしてまた宮澤内閣で官房長官をやることになる。
　こうして見てくると、加藤紘一は死んでから二年経《た》つけれども、日本の同時代史の中では、さまざまな事象を占う重要なポジションにいたんだな。深い含意がある存在だという気がしてきたね。
佐高　年表的に見ても、加藤の乱の失敗から小泉、そして安倍が生まれてしまったわけだから、あのときがものすごい分水嶺《ぶんすいれい》になっている。そういう意味では、逆に言うと加藤の責任も大きい。
早野　僕は、小泉は時代への肯定的なファクターもたくさんもたらしたと思っているから、安倍とは多少違うと思うけどね。

▼加藤は小泉を羨望したのではないか

佐高　小泉を許すわけ？

早野　許すというのも変だけど、そう訊かれれば、小泉は許す面もある。

佐高　私は絶対に許さないよ。面白い人物ではあるけれど、許しちゃいけない人だよ。竹中平蔵と組んで新自由主義を日本に導入してこの社会をめちゃめちゃにしたわけだから。

早野　靖国参拝の問題もあったな。

佐高　そう。だから加藤邸の焼き討ちの直接の原因は、小泉なんだ。

早野　安倍は一回行っただけで、あとは行ってない。これが安倍の小泉を上回る政治的なしぶとさというか、嫌らしさなんだよ。

佐高　これが小泉なら、小泉の判断なんだろうという気がするけれど、安倍の場合、安倍の知恵なのか、周囲の知恵なのかがわからない。田原総一朗さんは安倍の靖国参拝の直後に、「何を考えてるんだ。あんたを歴史修正主義者とみなしたアメリカにやられて、角栄の二の舞になるぞ」と忠告したらしい。

小泉について加藤に訊いてみたことがあるんです。「小泉とどういう話をするんですか」と。加藤が言うには、あまり話にならないということでした。しゃべっていて、小泉が「違う」と言う。「どこが違うんですか？」と加藤が尋ねると、小泉は一方的に「俺はこう思うんだ」と言って、それで話はおしまいになってしまう。会話というか対話が展開しないらしい。田原さんは「小泉は言葉の天才だ」と言うんだけど、それは一言でモノローグで言い切る才能であって、ダイアローグ型の人ではない。

早野　たしかに小泉は、対話が深まっていく人ではないかもしれないな。

加藤紘一はおそらく、ＹＫＫの中では総理大臣になる第一資格者は自分だろうと思っていただろう。ところが自分は失敗して、小泉は五年も政権をいわばマネージしたわけだから、それに対しては、加藤紘一は相当つらかったのではないか。あえて言えば、羨望するような気持ちがあったかもしれない。政治家だから当然持っていたと思うんだ。

▼安倍時代の底知れない沼

佐高　放火事件直後の二〇〇六年一〇月に鶴岡で行われたシンポジウム、早野さんがコーディネーターだったでしょう。あれは一部が「世界」（二〇〇七年一月号）に載ったんですよ。あのとき加藤に対して私が言ったのが、あの焼き討ちの犯人は小泉純一郎だと。実質的な犯人は小泉だと。そうしたら加藤は、「私はそうは思いません。時代の潮流が犯人だ」

という言い方をした。それはいまの早野さんの話を重ねた場合、小泉と言いたくないというのもあったかもしれないね。

早野　僕もそう思うな。

佐高　小泉ごときが犯人なんて言いたくない、と。

早野　もうひとつ、加藤はやはり時代に乗り損ねた。小泉はうまく時代に乗った。そして時代をつくった。これは加藤自身の深い挫折感になっていただろう。しかしそれはもちろん見せたくない。そういう気持ちが、小泉には触れないという心理に繋がっていったのかもしれない。

僕たちリベラル、民権派の記者は、ＹＫＫの中では加藤が第一人者だと思っていたし、親近感も持っていたわけだよ。ところが加藤は政権に至らず凋落《ちょうらく》し、小泉は政権をいわば奪取して、しかも意外にも五年間続けていく。そうすると我々リベラル派の記者も、小泉も相当なものだと、小泉のほうへシフトしていってしまったところがあるんだ。そして加藤紘一への思いが相対的に低下していく。記者というのはそういうところがあるんだ。やはり加藤は時代から外れた、あるいは時代はもう彼を求めていないんだなというふうに、リベラルのメディアがやや方向転換していっちゃった。だから加藤紘一は、小泉時代には孤独感を味わっていたんじゃないかと思う。

佐高　それは深いものだったと思う。自分は庄内人で徒党を組めないんだとか韜晦《とうかい》しながら、しかし実態としては仮にも何人かを率いていたのが、ゼロになっちゃうわけだからね。

早野　小泉なんかは派閥リーダーとしての資質があるはずもないと思われていたけれど、それが国民に直接アピールするという政治手法の中で時代全体を搦《から》め捕《と》っていっちゃったわけじゃないですか。これは加藤のようなリベラルオーソドキシーとしては口惜《くや》しいところだっただろう。

僕ら民権派のはずの記者も、あの時代の自分たちを振り返っておく必要があるね。これでいいのかなと思い続けながら、小泉というキャラクターになんとなく調子が合ってしまって面白がっているうちに、その小泉時代が生んだものは、あなたが言うように安倍政権なんだから。この流れについては佐高さんは僕らよりもずっと厳しく批判してきたわけですよね。そして安倍時代は、社会全体に顕在化する保守右翼に、皆が回収されて沈んでいくような印象があります。その流れを、おそらく加藤紘一は安倍時代まで生きて深刻に感じ取っていたんじゃないか。それは僕らと共通する感覚だっただろう。

佐高　底の知れない沼に入ってしまったようなね。

小泉は博徒ですよ。博打《ばくち》ができる。加藤は博打ができない。

▼民権派の挫折した革命家

早野　博打ができるかできないか、それは本当にそういうことだね。

佐高　博打のできる野中とか古賀、あるいは身近なところでいえば園田などをもっと大事にしなきゃいけなかったんだ。

早野　彼らとしっかり手を結んで、あるときは彼らに押し上げてもらって、政権を取るということでなくてはいけなかったのが、自分の資質をちゃんと見通していなかった。政権取りに際しての作戦というか戦略、自分はどういうタイプで、何ができて何ができないのかという見極めがおよそ不充分だった。足りないところを誰かにカバーしてもらわないといけない。それはおそらく野中であり古賀であり園田であり、あるいは亀井だったかもしれない。

佐高　加藤の乱の後まもなく、あるとき京都へ行く新幹線で野中と一緒になったんだ。私を見かけて野中がすっと寄ってきた。「私のほうが動きますよ」と言って向こうの席に戻して、私が隣に座った。すると野中が「加藤政権を誕生させられなくて申し訳なかった」と私に謝ったわけです。私は、「それは加藤さんの問題ですから」と言ったんだけども、野中としても忸怩《じくじ》たる思いがあったわけでしょう。それは野中と小泉は合わない。小泉よりも本物のリベラルの加藤、という思いがあった。

早野　それは間違いなくあっただろう。

佐高　ところが加藤のほうが認められないんだよな、野中の異能を。自分ができない部分を古賀や園田にやってもらうということができない……。それは、やはりそれこそ田舎の秀才の自意識なのかね。

早野　そうだね。級長的な感覚でしょう。

佐高　人斬り以蔵と言われた、白川勝彦っていたでしょう。加藤が、医者の水町重範にヤミ献金を告発されたり事務所代表の佐藤三郎が脱税容疑で逮捕されたりしたとき、白川は辣腕《らつわん》の弁護士だから、加藤が全部自分に曝《さら》け出してくれればいくらでも弁護ができたのに、と言っていた。ところが加藤は曝け出さない、と。

早野　それはあるだろうな。隠しているというわけでもないんだろうけれど、自省というか、自分をもう一度観察するというところが欠けていたんだろう。

佐高　だから山形県知事にも日銀出身の変なのを連れてきちゃったりする。その齋藤弘というのは、次の選挙のとき現職でありながら、四〇日前に出馬表明した新人に敗れた。強いはずの二期目で負けるというのはよほど人望がなかったんだろうし、そんな奴を選ぶ加藤の目にも問題があります。

早野　しかし、加藤はいくら論じても尽きないような魅力があったんだな。これは今日の大きな発見です。

佐高　我々が語り出すと、加藤は民権派の挫折した革命家みたいな感じですよね。

早野　いや、それは大きく外れてはいない。加藤その人も、加藤的民権も埋もれていっているこの時代に、彼の存在を語って残していくことが大事だという気がしてきます。

第三章　田中秀征の「民権思想」

▼民権派には「生活」がないのか?

佐高　加藤の娘の鮎子の結婚式に私は呼ばれたんですが、そのとき加藤紘一が呼んだ人は自民党の政治家が異様に少なかった。政治家にとってああいう儀式は重要だから、それは加藤の意図だったんだろう。加藤としてはぜひ、村山富市を呼びたかったわけで、私は村山さんの付き添いみたいなかたちで行ったんです。自民党は川崎二郎くらいなんです。あと政治学者で外交官だったグレゴリー・クラークなんかがいた。そういうところにも加藤の意思が感じられるよね。

早野　意思というのはどうかな。交友が狭まった挙げ句にそうなっちゃっただけじゃないの?

佐高　もう自民党の政治家を呼べなくなった、と?

早野　加藤はこの本の基調をなす政治家にふさわしい民権派なわけだから、政争で敗れた後は、自民党内の交友はそんな感じになっていたのではないかと思う。自民党の中で、胸張ってリベラルと言う人は少ないもの。

佐高　そういうことですかね。

早野　「あそこの道路を造るのに、地権者は誰だ」「いくら欲しいんだ」「とにかく公共事業をやらなくちゃいけない」。自民党の基本は極めて実務的・実利的世界が中心なんだから、民権という思想傾向がある政治家は少ない。

佐高　単純化すると、思想と無思想、あるいは思想と反思想みたいな感じでもあるな。

早野　簡単に言えばね。しかし、無思想というのはなかなか偉大なんですよ。理屈を言わないで説得力を持つということだから。

佐高　加藤も、そこのところの厚い壁にぶち当たった。

早野　そういうことだね。そして生活なんだよ、無思想というのは。

佐高　すると概して民権派には生活がないというわけですか？

早野　いや、それはリベラル的な生活というのもあるでしょう。読書に励み、文化に親しむという生活もあるでしょうけれど、無思想派からすると、しかしやはり実際生きていくにはどうしたらいいんだ、と。マルクス主義者だって飯を食うんだからな。

思想はどうあれ、どう生活していくかということが第一のテーマにならざるをえない。

佐高　今日のあなたは、なんだか田中角栄みたいだね。
早野　第二章で、加藤的民権政治の理念をあれだけ熱く語っておいて何ですが、年取ってくると、角栄政治の確かさというのを痛感するのも事実です。

▼田中秀征の「民権と官権」

早野　だけど角栄は無思想ではない。やはり深い思想があるからね。角栄思想を汲み取って伝えていく役割というのは、あまりたくさんの人が担ってはいない。私が力説しても、「角栄に思想なんてあるの」と言われてしまう。だから、角栄思想を伝えようなんてことをやっているのは、僕くらいのものかもしれない。
佐高　角栄についてはまたじっくり話しましょう。
　今日は田中秀征のことをまず話したいんです。結婚式ついでに言うと、私は秀征の結婚式にも行っている。
早野　佐高さんはいろんなところに呼ばれるんだね。その点、新聞記者はだめだな。
佐高　いや、私は秀征とは本当に古い付き合いだから。

早野　どんな付き合い？

佐高　私が二七歳で飛び込んだ「現代ビジョン」という経済雑誌に、秀征は三二、三歳で『自民党解体論』を書くわけです。二〇一七年五月から「本」という講談社のＰＲ誌に、秀征が「『戦後保守』二つの源流」というのを連載している。第九回は「転機となった〝加藤の乱〟」だった。

早野　それは僕のところにも送られてきているから、読みました。

あなたがいた経済誌に『自民党解体論』が出た後の反響はどんなものだったんですか？

佐高　残念ながら、あの本はその経済誌からではなく、一九七四年に田中秀征出版会から書籍化されるわけです。いっさい邪魔されずに本にしたいと言って。だからあまりメジャー化せず、秀征の熱狂的な支持者の間だけで読まれたという感じでしたね。ただ宇都宮徳馬がまとめて買って、いろんな党の関係者に配ったとか。本自体にも宇都宮徳馬が推薦文を書いている。

後年、田原さんが自民党のことを書くというので貸したら、仰天していた。「この時代に、こんな本があったのか」と。そのまま返ってこないから、「あの本は返してください」

と催促したら戻ってきました。早野さんは持ってるでしょう、『自民党解体論』？

早野　持ってないかもしれない。

佐高　実際の体験から、肌で書いてる見事な本ですよ。

秀征にハッとさせられたのは、彼は「民権と官権」と言うんです。『民権と官権——行革論集』（ダイヤモンド社、一九九七年）という本も出していて、官権政治から民権政治へ、と主張するわけだ。秀征の頭の中では、もし国家というものが退場しても、その後にも官僚というのが居続けるという構図がある。それに対して、国民主導の民権というのを訴えるわけだけど、これはそう簡単にいかないとも言っている。抗《あらが》うべき対象を国権と名指してそれを批判するのではなく、まず第一に官権というのが出てくるんです。

▼政治に対する知的アプローチ

早野　田中秀征は「民権塾」というのを主宰していたな。

佐高　始めてから、もう二〇年近くになるんじゃないか。

早野記者と田中秀征の出会いは？

早野　僕が政治の現場取材をしているなかで、田中秀征という人が存在感を放ったのは、何と言っても新党さきがけの登場ですよ。一九九三年だね。宮澤政権が倒れて細川政権ができるというとき、細川護熙《もりひろ》さんは朝日新聞の先輩でもあるから、もちろん知っていたけれども、どうもこの細川の後ろに田中秀征という男がいるらしいというところから、田中秀征の発見がなされたわけだな。秀征さんは自民党には珍しく知的な人なんだけど、彼は「質実国家」とか、それこそ「民権」とか、そういう独自の理屈、というか思想を語り出していた。宮澤政権の末期というと……。

佐高　リクルート事件から政治不信が広がり、政治改革の流れになった。

早野　そう。それで細川さんが日本新党を立ち上げるときに、もうひとつ、自民党の中から脱党したグループが新党さきがけをつくった。そのリーダーが武村正義だった。そして田中秀征は記者会見のときはいつも武村の隣に座っていて、この人は一体誰なんだということになるわけです。自民党取材記者たちも、それまで秀征さんのことをよく知らなかったんだ。

さきがけは日本新党と手を結ぶ。そして、なんと細川政権をつくってしまうわけです。

すると、どうも細川政権のイデオローグ、これは田中秀征なんだということがわかってくる。

佐高　そうすると秀征は、政治記者たちに、一度は捨てたインテリジェンスを呼び戻してくれたというわけ？

早野　いや、実際それはあるな。昔はこんなことを勉強したもんだな、と。政治に対する知的アプローチというのが、秀征さんの声の中からは聞こえてくるんですよ。彼はヨーロッパの政治史を深く把握していて、僕らに語るときにも、フランス大統領だったド・ゴールであるとか、イギリス首相のチャーチルであるとか、さらに遡ってイギリス首相のディズレーリやグラッドストンなどという話が出てくる。永田町政治の中にいるとそういう存在や歴史など、ついぞ聞いたことがなかったし、僕たちもすっかり忘れていた。

佐高　秀征はそういう人だから、利権の使い方をまったく知らない。だから選挙に出ても当選しなかった。最初に四回落ちていて、ディズレーリも四回落ちたというのが自慢だったんです。ディズレーリの本を枕元に置いて、それが涙で濡《ぬ》れていた、と。

早野　そこまでの話は僕は聞いたことがなかったけれど、それほどディズレーリに傾倒していたということだな。

佐高　そういうことでしょう。

さきがけの直前の状況を振り返っておきたいんだけど、リクルートの後、宮澤は政治改革で何をやるのかということで不信任案が提出される。

早野　ロッキードがあり、リクルートがあり、それで政治改革という潮流に繋がってくるわけだよね。宮澤喜一というもっとも知性的と思われていた政治家も、リクルート事件で……。

佐高　服部という秘書がもらっていた。

▼革新なのか、革命なのか

早野　政治記者というのは、日本政治というものの未来にどこかで期待をかけて活動しているものなんですが、宮澤までそうなのかとガックリきたところがあった。

佐高　秀征は宮澤のブレーンでもあったんですよね。

早野　その秀征さんが、宮澤内閣不信任案には反対票を投じたものの、自民党を離党して新党さきがけに参加し、細川を担いで日本の政治を刷新する。僕らにとっても、これは一体どういうことかということでした。それは、これまで社会党がやってきた革新なのか、あるいはかつて共産党が主張していた革命なのか、と。

でもどちらでもなかった。田中秀征は自分は保守主義だと言う。とりわけイギリスの保守主義だ、と。

あの時代の細川政権というものが持っていた奥行きや政治的意味というのを、秀征さんはとても鮮やかに位置づけ、時代の中に見事に描いていった。細川政権というのは、田中秀征が描いた絵ですよ。

佐高　新党さきがけで秀征は、「質実国家」「日本国憲法尊重」「侵略戦争の反省と反軍事路線、平和主義」などを掲げつつ、一方で「日本文化と、その拠《よ》り所《どころ》である皇室の尊重」とも言っていた。このあたり、秀征流の保守改革の戦略だったのでしょう。

早野　なるほどね。

日本新党に分流して細川政権をつくる過程では、配役も重要でした。基本的には、細川、武村、秀征という、このトライアングルが時代を切り拓《ひら》いたということでしょう。

佐高　先ほど早野さんが「田中秀征の発見」と言ったでしょう。私にも、もちろん別なかたちですが「発見」があった。二七歳で飛び込んだ経済誌の世界は、それまでとはまったく逆だったわけですよ。それまで私は五年半、日教組の若き闘士だったので、付き合いのある政党といえば共産党か社会党だった。ところが、経済誌が日常的に付き合う政党は自民党なんです。だから突然、身近な党がまるきり変わってくるわけ。自分がすごく場違いな感じがした。

そのときに秀征と知り合う。これはやはり発見でした。また若き官僚、加藤紘一や熊谷弘がその経済誌の勉強会にくるようになった。まもなく私が編集長になると……。

早野　佐高さんも長がついたことがあるんだね。

佐高　金曜日の社長もやりましたよ。

早野　この人が社長だったかと思うと、そんな会社が心配になってきちゃうよ。

佐高　また、余計なことを言う。

私が秀征と初めて会ったのは、彼が最初に落選したころでした。これがまたすごい人見知りなんだ。そして、先ほど言ったように『自民党解体論』を書くわけです。保守の人で、自民党解体なんて言う人がいるのかと、私はそこで本当に秀征を発見する。

▼自民党綱領から改憲を外そうとした

早野　秀征さんは東大の史学科出身でしたよね。

佐高　秀征は宮澤と近くなる以前は、石橋湛山の側近だった石田博英の秘書になるんです。なぜ石田博英かというと、秀征は東大文学部西洋史学科では林健太郎の弟子で、西欧政治への関心もそこに発しているんだろうけれど、林健太郎から石田博英を紹介されるわけです。石田博英の秘書としての秀征は、要するに本を読んでいればいいという秘書だった。そうでない秘書が秀征の同い年の山口敏夫。

早野　秀征さんには林健太郎の影響というのはあるかしら？

佐高　理論的な面より、人間としての共感ですかね。秀征は仲人も林健太郎ですよね。林健太郎ってもともと、羽仁五郎の弟子で、戦後に転向する。マルクスと対照的に客観的な歴史叙述を志向したランケ史学のほうへ行って、竹山道雄や高坂正顕《こうさかまさあき》なんかと「日本文化フォーラム」をつくる。

一九六八（昭和四三）年の全共闘のときには学生に一週間以上も監禁されています。それでも林は学生の要求はすべて拒否した。そういう屈しない姿勢が秀征は好きなんです。

早野　林健太郎は高坂正堯の父にあたる高坂正顕なんかと組んでいたわけだな。戦後保守論壇の先駆者と言えるかもしれない。

佐高　林健太郎は、当時は「世界」でなくて「自由」なんかに書いていたんでしょう。実証主義的な右翼という感じだったけど、いま読み返すと、侵略戦争批判などもそれなりにやっていて、保守の良心はギリギリ保っている。勝手に憶測すれば、秀征も当時、「世界」よりも「自由」のほうをよく読んでいたと思います。紋切り型を嫌うから、「世界」には左派の紋切り型を感じたと思います。

そういえば、当時は「中央公論」という雑誌も光っていましたよね。石田博英が一九六三年に「中央公論」に「保守政治のビジョン」という論文を書いて評判になるんだけど、これは実質的には秀征が執筆している。

早野　秀征さんは三日に一冊本を読んで、そのダイジェストを石田博英にメモ出ししていたらしい。

佐高　そうらしいですね。秀征に言わせると、石田博英は石橋湛山の弟子だから、自分は石橋湛山の孫弟子に当たるという話になっていました。

これは自民党史の中できちんと残しておきたいことなんだけど、秀征は最初に当選したときに、自民党の綱領を変えようとするんです。

早野　そうでしたっけね。

佐高　つまり、自民党綱領から改憲を外そうとした。綱領を改めましょうと、秀征が提案する。そうすると、宮澤が、新人議員であるにもかかわらず秀征を新綱領の起草委員に推薦するんです。秀征が宮澤に相談すると、起草委員長は井出一太郎がいいだろう、と。井出だと自民党のうるさ方も一目置くからということだったらしい。

早野　なるほど、井出一太郎にはそういう感じはあるな。言ってみれば日本の村落共同体の長老的な感覚を持っていたからね。

佐高　民権運動で言うと、地方名望家というやつだよね。

早野　そう、地方名望家。僕はその言葉がいまなかなか出なかったけど、まさにそれなんだ。

佐高　そのときの縁かどうかはわからないけれど、その息子が後に新党さきがけのときに秀征と一緒になっている。

早野　そう、井出正一だね。

▼井出一太郎という民衆指導者

佐高　秀征は改憲を党綱領から外そうとするんだけど、自民党の中で憲法遵守というのは主流ではないから、やはりなかなかうまくいかない。

それで秀征は、渡辺美智雄をどう引き入れるかが勝負だと考えるわけです。それでミッチーのところに行く。そうしたらミッチーが案に相違して、「憲法は長年連れ添った古女房のようなものだ。気に沿わぬ女房だけれども四〇年も一緒にいると情が湧いてきて、立派な子どもも産んでくれた。変えよう変えようと思っていた気持ちも違ってきている」と言う。それで秀征は驚いて帰ってくる。それでこれは行けるという手ごたえを得るんだけど、最後の最後でどんでん返しを食らうんです。

早野　そのミッチーの話はいいですね。まさに保守政治家の奥行きを感じさせる。

佐高　そう。これこそまさに「保守の知恵」なんだと、今年（二〇一八年）の五月に亡くなった岸井成格《しげただ》とも語り合ったことがあります。

そういう人間力を発揮していた政治家たちが、どんどんいなくなっていく。井出一太郎なんていう人は、もちろん早野さんは取材したんでしょう？

早野　もちろんだよ。ずいぶん通いました、彼の家には。彼は三木内閣の官房長官で、僕は三木政権のときに官邸の記者だった。

井出一太郎の家は、古い木造の日本家屋で、応接間もなかなかシックでした。そこで夜中に、井出一太郎の穏やかで、しかし芯のある話を聞くというのは、僕ら政治記者にとっては心に染みるような体験であり、それは自分の精神の成長を促してくれるような気がしたな。角栄とはまったく違う、対極にあるようなタイプだったけれどもね。三木とも違うんだ。三木は気取ったところもあって、大向こうを唸《うな》らせようとするところがあったが、井出という人は一切大向こうを意識しない人だった。それこそ信州佐久の田園の中から、まさに名望家として、穏やかで心配りのある民衆指導者として立ちあらわれたという風情でしたよ。

戦後の日本というのは、そういう階層をつくってきたんだよな。その代表みたいな感じを受けましたね。戦後政治というのは、単なる近代的な民主主義だけがすべてなのではなく、民主主義を裏打ちする日本的人間性というのもある、と。

佐高　土の匂いのする人間性ね。

早野　そういう肌触りを井出さんには感じました。

▼自民党の中のふたつの流れ

佐高　秀征が面白いことを言っている。三木武夫についてなんですが、井出一太郎は三木武夫という「人」についていく、と。だから三木が変節しても、ついていく。宇都宮徳馬は三木の思想についていくから、三木が考え方を変えたりすると離れる。人につくのと、思想につくのと、その別があるという話をしている。

宇都宮徳馬が「朝日ジャーナル」(一九六三年一月二七日号)の座談会で発言していたことをよく覚えているんですが、これはいまだに見取り図として有効だと思う。

「いまの自由民主党の中には、歴史的にいうと二つの流れがあると思う。ひとつの流れは、明治の近代政治が始ったころに自由民権運動をやり、そのご《ママ》、護憲三派運動をやり、戦争になると翼賛政治会に属し《ママ》ないで野党的だった、そういう流れがひとつある。もうひとつは、自由民権運動は反国家的な、逆賊的なものだという考え方、普通選挙運動はアカだといい、戦争中は軍人政治、ファッショを謳歌《おうか》し、戦後になって極端にアメリカ外交に追随するというもの、こういう二つの流れがある」と言っている。この宇都宮の指摘はすごく的確だと思う。

　自民党は、自由民権運動をそのまま引き継いだわけではなくて、自由民権運動は反国家だという流れと、自由民権運動を推進した側と、これが合体している。ここにいまの腐敗や捻《ねじ》れも震源があるわけでしょう。そしていまは国権派がほとんどになってしまった。

早野　それは鋭い分析ですね。宇都宮さんという人も名望家タイプだったな。

佐高　角栄の話があるじゃないですか。池の鯉《こい》を見ながら、あっちの左のほうに離れて一匹でいるのが宇都宮だと言ったという。

早野　つまり、宇都宮徳馬が自民党の中にいるというのは、「ほう、自民党はそんな幅と深さがあるのか」という評価を生んだわけだな。角栄のように政治的実務によって影響力を持つというよりは、その存在によって政治精神への影響力があった。それは彼の重要な役割だったように思います。

そして、田中秀征もそうなんだよ。秀征さんが僕のインタビューで話していたのは、役人つまり官の文章というのは、人々に理解を求めるものである、と。それに比べて、政治家の文章というのは、人々の心に届けて共鳴を求める文章なんだ、と。そういう含蓄のあることを言ってくれている。

だから秀征さんの政治観というのは、その根底では、思いを人々の心の奥底に届ける、そして心と心が繋がる、そういう社会を求めていたんだろうな。そういう政治に向かって先頭を切り拓いていくのが新党さきがけだ、と。九三年政変で、自民党という巨大な組織から離れて、政治をつくり変えていこうとした。そのつくり変えるという意識が、やはり根底的だったんだよね。

▼「マルクス主義は口汚い」

佐高　その思想が、彼の政治的実践を裏打ちしていましたよね。

早野　秀征さんは、人間をどういうふうに見るのかというところから政治というものを構築していったから、彼が心を寄せるのは、たとえば子どもを一生懸命育てている自分の母親の「狭いけれども深い人生」ということになる。彼は自分の母親についてそういう言い方をしている。

佐高　それは秀征の原点でもあるでしょうね。

早野　「狭いけれども深い人生」ということで言えば、自分の村を通る鈍行列車に乗れば、どこに蓮華《れんげ》が咲いているとか、どこで人々が語り合っているとか、そういうことがわかる、と。そういう人生がいちばん大切なんだというのが根っこのところにある。それを大事にするために、どういう政治を構築することができるかということになるわけだ。

僕たちはあの時代の秀征さんの言動に触れて、政治ってそういうものだったのかと感動を新たにしましたよ。政治というと、闘争だとか利益の争奪であるとか、あいつが損すれば俺が得するとか、人間社会のそういう局面だと思っていた。これは自民党政治でも、その対極にあると思われているマルクス主義的な変革でも、基本的にそうなんじゃないかな。

しかし、そうではない政治を、秀征さんは心の中に育てていた。それが武村や細川にも伝播《でんぱ》して、リクルート事件という人間の汚さがまざまざと見えてしまった政治をどう変えていくかというときに、三人で時代をつくっていくことに繋がった。僕らはそれに胸打たれながらあの時代を取材したけどね。

佐高　当時の政治状況の中で、秀征がいることで救われるみたいなところがあった。軍師であると同時に、生涯書生なんですよね。だから、いつまでも青っぽい。

なるほどと思ったのは、秀征は、自分はマルクス主義のあの口汚さに耐えられないと言うわけです。『共産党宣言』でも、『ルイ・ボナパルトのブリュメール一八日』でも、マルクスは、論敵や階級敵や階級外の人々を激しく罵倒するでしょう。あの口汚さが嫌だ、と。それで私のことを「お前は口汚い」と言うんだ（笑）。それでも秀征は、共産党や共産主義を撲滅する必要はない、と言うんです。競争して、共産主義に負けるわけがないのだと言う。これは石橋湛山のスタイルでもあるんだけど、だから彼は反共じゃない。ある意味で共産党と競う、競共という構えなんだ。それは自民党バリバリの人から見ると、容共に映ってしまう。勝共連合が自民党候補の応援に行く。タダで応援に行くわけでしょう。それを秀征は断るんです。それで車に火をつけられたりもした。そのあたりの原則はしっかり守るんですね。

▼演説という「民衆芸能」

佐高　秀征は本当に上手《うま》い、話の訴え方も文章の書き方も。

早野　見事な文章力だよな。

佐高　チャーチルは「ペンだこを持った政治家」と呼ばれたそうですね。物書きやっている私としては、口惜しくなるほど文章が上手い。それから秀征は、演説を、入場料を取って五時間もやるんです。

早野　お金を取って、五時間も？

佐高　保守の政治家で、入場料を取って演説会をやるというのはいないでしょう。小泉と武村と秀征と私で座談会をやったとき、その話をしたら小泉が仰天しましてね。「それで人が来るの？」と訊いていた。五〇〇人とか七〇〇人とか、来るんです。そして秀征は五時間延々としゃべる。内容が聞かせるし、聴衆は去らない。秀征からは、「その話ばかりされるのは迷惑だ」と言われたんですけど。

保守から立候補すると、「一〇〇票持ってるから、金をよこせ」という人たちが群がってくる。演説会を有料でやると、本当に手弁当の人しか来ないから、そういうのが寄り付かないらしい。民衆、庶民と本当に対等に、共にあるというのはどういうことなのか、秀征はそこまで徹底して実践してきている。

早野　自由民権運動のときの壮士による社会派の演歌などの系譜に連なるとも言えるような気がするな。

佐高　たしかに、もともと演説というのは民衆芸能と繋がっていますからね。自由民権運動のときの川上音二郎とか、反体制の演歌師・添田唖蟬坊《あぜんぼう》とかと、秀征が繋がるとは思ってもみなかったけれど、民衆的な情念をどれだけ純粋に汲み取るかという意味では、意外ではないのかもしれません。

早野　秀征さんの演説はたしかに聞《き》き惚《ほ》れるところがあった。

あれほど純粋に、利害関係でなく政治を志した人はいなかったんじゃないか。保守にしろ、むしろ社会党などの革新側にしろ、生活と利益のためにそれぞれが権力を争奪するのが政治である、そういう観念が我々に染みついていたでしょう。

佐高　そう。その政治を志すモチベーションの部分にも秀征の独自性があるね。
早野　ある意味では孔子や孟子の教えとか、老子や荘子の教えとかにも繋がっていくような政治への態度。自らを律して、人々と共感共鳴しながら世の中を変えていきましょう、という発想だよね。
佐高　素朴とも言えるような志なんだよ。

▼政治は皆が幸せになるためにある

早野　我々は戦後という時代に、さまざまな思想に揉《も》まれたり、東西対立もあり、共産主義が正しいという言説に正当性があるのではないかと思ったりもしてきた。ところが、九三年政変になって、ものすごく素直でプリミティブな、政治は皆が幸せになるために手を組んで前に歩いていくものなんだという原点に触れたような気がしたんだな。
佐高　秀征は身ぶりは絶対に大きくない。身ぶりの大きい政治を嫌っていて、選挙のときにタスキをかけるのも嫌がっていた。そんな保守政治家がそれまでいただろうか。タスキがあれば三つも四つもかけるような政治家ばかりだったでしょう。

早野　いや、必ずしも保守じゃなくて、むしろ革新のほうが身ぶりが大きかったわけです。

佐高　そうでしたね。地に足が着いているからだろうけれど、秀征は論争でもシャープだった。大蔵省分割論で財政と金融の分離を主張したときも、大蔵省がいろいろ言うことに対して、「まな板の上の鯉が包丁を握るようなものだ」という切り返しをパッとやる。「だからお前らは黙っていろ」ということを、そういう喩《たと》えでやるんです。物書きになったらすごく怖い人だよね。

彼の母親はまぎれもなく庶民だったから、そのひとりの庶民が言った「政治家になるなら戦争にならないようにしてくれ」という言葉をずっと覚えている。

秀征が官僚から睨《にら》まれたのは、大蔵省と外務省からです。その原因は大蔵省分割論であり、外務省からは、国連の安全保障理事会の常任理事国になりたがるなと言ったことがあるからでしょう。

早野　国連の常任理事国入りを望むな、それが彼の主張だった。それは彼の国家観と人間観に繋がっているんだ。だから秀征が、母親を見ながら「狭いけれども深い人生」の価値を感じ取っているということは、国家がそんなに出しゃばって偉そうに世界に存在を誇示するというのは大きな間違いの元なんだよ、ということだったと思います。

佐高　常任理事国はすべて核を持っているわけだから、それになりたがるということは、核を容認するということに繋がるし、なりたがる態度自体、足元を見られる。「推されてなるならまだしも」と秀征は言った。推されてなった場合は核を拒否することができる。しかし、なりたがったら、当然のように核を持つことになる。それは、権力を志向する人間の処世術とも同じようなものですよね。

早野　核軍拡競争に狂奔する世界中の指導者に秀征の言葉を聞かせてやりたいね。

▼自民党を割り、新しい政治へ

佐高　私は、燻《くすぶ》っていたころの秀征と知り合ったから、こんな人が自民党にいたのかという驚きと、こんな人が首相になれば日本も変わるだろうなというのはあったんだけど、なかなか難しいのかもしれないという気持ちもありました。

ところが時と所を得たら、あっという間に秀征の名前が広がったよね。

早野　僕らは九三年政変になってから秀征さんという人に気がついて、政治というのも馬鹿にしたものじゃないんだなと思うようになったわけだけど、佐高さんはその前から彼と付き合っているから、彼の存在感がみるみる広がっていく過程に感慨深いものがあっただろうね。

佐高　うん。秀征が自民党政治の中で通用する時代が来るといいなとは思っていたけれども、あっという間に自民党を割って、新しい政治の幕を開けた。秀征は謙虚だから、自分の故郷の信州の林檎《りんご》にかこつけて、「自分は、林檎が青いままに店先に並べられたようなものだ」とか、うまいことを言うんですよ。そういう表現がまた気が利いている。

私は当時、編集後記くらいしか雑誌で書くところがなかったわけだけど、秀征はその編集後記に注目してくれたらしい。

早野　それはさっき話された経済誌かしら？

佐高　そう。「現代ビジョン」という、半分トリ屋みたいな雑誌です。その編集後記について、秀征は「ダイヤモンド」に「佐高君のこと」という文章を書いてくれた。

私は赤い羽根が嫌いなんですけど……。

早野　赤い羽根運動の赤い羽根ですね。あれは福祉の資金になっているわけでしょう？

佐高　そうなんだけど、偽善の匂いがする。秀征が自分も同じだ、と。秀征は、偽善というのが嫌いなんです。「西郷隆盛を尊敬する人で、まったく西郷でないような人がいる」とか、こういう痛烈な皮肉も言うしね。

早野　まぜっ返すようだけど、赤い羽根が偽善だというのはわからないではないが、そういうふうに言うと、赤い羽根を素直につけている人たちが可哀想《かわいそう》じゃない。

佐高　それはそうだけれど、政治家なら、赤い羽根に頼らなくていいような政治をやれと思うわけですよ。

早野　なるほど。「質実国家」という言葉を発明したのは秀征さんだろう。そして彼は、制度改革研究会をつくったわけです。

佐高　それが新党さきがけの原型になるんですよね。

▼小沢対秀征という理論対立

早野　でも制度改革研究会なんて、ものすごく堅い、ある意味ではセンスのない、野暮ったくて小役人的なネーミングなんだけどね。

佐高　世の中をすべて神楽坂的なセンスで測るのは良くない。

早野　僕としてはもう少し粋な名前をつけてほしかったんだけれど、しかしこれが時代を変える大事な仕事をしていく。永田町内部から出てきた独自の運動だった。それがさきがけになり、自社さ政権まで繋がる。まずは細川政権をつくり、このときさきがけは細川政権の重要なスパイスになっていた。そして細川政権が倒れた後、自民党が社会党に工作して連立政権をつくるわけだけど、ここに新党さきがけもついていく。これはなんでだったんだろうな。このときの新党さきがけは、ちょっとずる賢くないかな?

佐高　そういう言い方も、また神楽坂的な感じで少し反発も覚えるな。重要なのは、この間もちょっと言ったけど、あのとき中心にいたのは社会党右派でなくて、社会党左派なんだよ。社会党左派と自民党が結びつくわけでしょう。自民党は加藤紘一が幹事長。自民党の中の民権派と、社会党左派の代表としての村山富市の連合だったわけだから、秀征としては違和感がなかったんじゃないか。

秀征が「うん」と言わなければさきがけは動かなかったはずです。加藤紘一にとってそうであったように、秀征にとってもあの自社さがいちばん輝いていたし、魚が水を得たような状況だったと思う。村山富市の秀征への信頼は絶大だった。

早野　ただ、なぜそうなったかというと、小沢一郎という大きな爆発物がそこにあったからですよ。小沢一郎を何とか棚上げにしようというのが自社さの共通認識だった。秀征と小沢一郎の関係というのは、一体どういうものだったのか、どう位置づけしたらいいのか。この対立軸もある。

佐高　細川連立政権が倒れた後、新生党の羽田孜《はたつとむ》内閣ができる。すると社会党は連立を離脱し、新党さきがけも政権から離れる。そこでさきがけの武村や秀征、自民党の野中や亀井が中心になって自社さ連立が模索される。繰り返しますが、自社さ政権でかつぎ上げられた村山は社会党左派だった。多数を占める社会党右派は自民党の小沢と通じていた。このときの理論的な対立軸は、まさに早野さんが言ったように、小沢と秀征なんだ。小沢は「秀征なんてチンピラは知るか」みたいな態度だったけど、実際は充分に意識していた。

早野　意識していたよ、それは。

▼「自社さ」の否定的触媒は小沢

佐高　小沢も、状況を動かしているのは秀征だとわかっているわけだよ。秀征は小沢という爆発物に近づきたくないから、なるべく同席しないようにしていた。それを同席させようとしたのが山口敏夫なんですよ。でも秀征は最後まで慎重に避けてたみたいね。

早野　それは避けているというよりも、秀征も小沢一郎もそれぞれ、あの時代の政治へのもっとも掘り下げた理論的認識を持っていたわけだから、その筋が違うというか、やはりどうしても溶け合えなかった。それぞれがまったく別の世界を思い描いていたから。

佐高　だから小沢論も重要になってくると思う。小沢は国権から民権に転向したと私は言ったけど、そのあらわれが加藤や秀征との距離で見えると思う。

首相になった村山は、石橋湛山を尊敬すると記者会見で言う。それは秀征の入れ知恵なんですよね。

早野　そうだったのか？

佐高　私が『良日本主義の政治家——いま、なぜ石橋湛山か』という本を書いたとき、秀征は「俺は質実国家と言うけれど、佐高は小日本主義と言う」と言って、その本を村山さんに読ませるんだ。私は頼んでもいないのに。すると村山さんが「夏休みに読んだ本は？」と訊かれて、それを挙げる。自社さの思想的バックボーンは基本的に石橋湛山なんだね。

早野　それは面白い。だけど要するに、あなたは自分が自社さの理論的支柱だったと言いたいわけね（笑）。

佐高　いや、そういうことじゃなくて、一般的に自社さは違和感のある野合にすぎないと言われるけれども、武村正義にしても、まさに小日本主義だったわけだから、そういう視点で再評価しておく必要があるのではないかということです。

早野　たしかに、そのとおりだな。

そうすると、それと対立した小沢一郎とは何だったのか？　小沢一郎は、国権か民権かといえば、やはり国権の部分をかなりきちんと持っていなくてはいけないという政治思想の流れですよね。

佐高　私が『良日本主義の政治家』を出したとき、その帯に編集者が「村山内閣は親湛山内閣である。」と書いたんです。村山内閣は反小沢、親湛山の内閣だ、と。国権というのは強権という側面を含むわけでしょう。だから当時の小沢の強権的体質へのアンチが、自社さをつくったとも言える。つまり小沢は否定的触媒の役割を果たしたんだね。

早野　そういうことです。自社さはアンチ小沢で結集したんですから。小沢が仕切るのだけは勘弁してくれ、と。そして小沢は新進党をつくっていく。

▼小沢の吉田茂的な国権

佐高　反小沢が結集するかたちで、湛山以来の民権政治が求められ、違和感なく自社さが結びついた。その中には亀井とか野中とか、ちょっと毛色は違うけれど「村山惚れ」の人たちも加わる。

早野　自社さが湛山の系譜だとすれば、小沢はやはり吉田茂だな。吉田茂的な国権。吉田があの時代にパイプを咥《くわ》えてふんぞり返っていたようなわけには、小沢はいかなかったけれども、政治的な体質としては近いと言っていいと思う。

湾岸戦争、そしてイラク戦争と、自衛隊派遣が議論される中で、日本がどうふるまうべきなのかという課題を小沢は背負うようになる。小沢は集団的自衛権を行使することについては反対していたけれど、国際貢献という言葉で国家的アイデンティティを表現していたね。

佐高　要するに、国連の平和維持活動には自衛隊を派遣する、という立場だよね。

早野　そう。いずれにせよ、国として日本をどうつくっていくのかということを基軸にして、政治に対して発想していたよね。それがあの時代の小沢であり、それに反対する立場のいちばん心棒のところに田中秀征がいた。

佐高　吉田の系譜は佐藤栄作に引き継がれる。田中角栄は佐藤派だけど、考え方はむしろ池田勇人に近いですよね。

早野　角栄は異質なんだ。角栄というのは民権と国権の両方に片足ずつ乗っけて跨《また》がっている男だ。民権のほうに体重を傾けてね。

佐高　早野説を敷衍《ふえん》すれば、吉田から佐藤、佐藤の官房長官だった竹下登、そして小沢と来る流れがある。竹下はちょっと外すけど、国というものを強く意識する系譜が佐藤から来ていますよね。角栄はこの流れと、もうひとつ、湛山、池田と来る民権のラインにも連なっていた。

早野　そうだ。

小沢は角栄の弟子だけれど、武村正義も角栄のことが好きだった。両方にインスパイアするのが角栄なんです。

佐高　心棒ということで言えば、田中角栄の思想的な心棒はやはり宏池会だよね。池田勇人にとりわけ可愛《かわい》がられるわけですから。佐藤は角栄の親分だけども、佐藤は角栄を利用していたにすぎないとも言える。

早野　そうなんだ。角栄の達者な行動力と采配力、人の気持ちを摑《つか》む力、それは佐藤にないものだったから、彼はその部分を角栄に丸投げした。

▼角栄は本能的な社会民主主義者

佐高　かつての私は気づかなかったのだけれど、角栄の思想的心棒は宏池会、もっと言えば社会民主主義的なところにあった。それは小沢にはないものですよね。

早野　たしかに小沢にはそれがない。

僕はかねてより、角栄の支持団体である越山会は社会民主主義なんだと力説してきた。実際に新潟で越山会の人々と膝を交えて話をとことん聞いて、これは戦前の農民運動の系譜なんだ、その現在的なあらわれが越山会なんだと深く理解したんです。上手に体制の中に潜り込んで、角栄という稀代《きたい》の政治家を使って、自分たちの生活をつくっていく民衆運動なんだと思ったわけです。

佐高　最近（二〇一八年一月）、詩人の金時鐘《キムシジョン》さんと対談集（『「在日」を生きる――ある詩人の闘争史』集英社新書）を出したんだけど、田中角栄が出てくるところ、読みました？　時鐘さんが角栄を好もしい政治家だと思っていたと言うので、私が、友人の早野透が角栄は本能的な社会民主主義者だと言っていると話すと、時鐘さんは深くうなずいていましたよ。

早野　僕のことを取り上げてくれて驚いたな。あの対談集のその頁を、ちゃんと折ってあるよ。

佐高　金時鐘の田中角栄評なんて、あまり聞くことができないだろうから、貴重だと思いました。

早野　あのくだりは嬉しかったね。

佐高　時鐘さんとは、角栄の持っているある種のシャーマン的なパワーについても話したんだけど、そこから言うと、小沢には土臭さ、人間臭さというのはあまりないし、田中秀征のほうも角栄みたいに泥臭くない。

早野　角栄と比べてしまうとね。秀征さんは特に教養が邪魔するんだよ。彼は「質実国家」と言う。それから「政治には艶と香りが必要だ」と言う。それは見事な表現であるのだけれど、反面、政治をつい対象化して考察してしまう癖が感じられる。秀征さんは日本の政治の中でも最高のインテリジェンスだから。一方、角栄は最高の運動部員だった。

佐高　だから日本の保守政治がもっとも理想的に動いたのは、エネルギーとしての角栄と越山会。思想としての宏池会。これが組み合わされたときがいちばん力を発揮したんだろうね。その政治的実現が地方重視であり、格差是正であり、日中国交回復だった。

早野　保守政治のほうが、むしろ民衆革命的なエネルギーを取り込んだという時代だな。

▼秀征と二階が並ぶ光景

佐高　秀征は二世議員を問題視していたんです。『自民党解体論』はいま読んでもすごく新鮮な本だけど、その中に、「二世というのは、存在は許されても行動は許されていない」と書かれている。二世の周りにいる人たちは二世で食っているわけだから、二世自身はただいればいい利用対象にすぎないのであって、行動を求められてはいない、と。
それから、秀征の頭の中には、党人派と官僚派というのがある。それは叩《たた》き上げの党人派への共鳴なんだ。秀征が初当選したときに、角栄はわざわざ秀征の議席まで来て「君が田中秀征君か」と言ったという。角栄と秀征は接点がないわけではなかった。角栄のほうも、徒手空拳で何年も苦労して落選していた秀征を知っていたんですね。

早野 そのあたりを角栄はよく見ている。「あいつはどういう奴なんだろう」と見ている。

佐高 わざわざ新人代議士の秀征のところにまで来るのも角栄らしい。そのとき、秀征の隣にいた新人が二階俊博なんだよ。

早野 それは、いま考えると象徴的な場面ではあるな。

佐高 二階はいまの安倍政権の中で唯一、中国とパイプを持っている政治家ですよね。私はいろいろと批判もしましたが、最大限高く評価するとしたら、角栄から受け継いだ民権的な部分、イデオロギーを超える平和主義というのを身につけている。二階は国権派的な無思想、あるいは反思想というよりも、思想というものを飾り程度にしか見ていないのかもしれない。だから違う立場であっても友好関係をつくろうとすることができる。

二階が、民権思想を深く身につけた秀征と並んでいて、そこに角栄が近づいてきたという光景は、たしかに記憶に値しますね。

第四章　山崎拓の「国権的民権」

▼方向性がそれぞれ違っていたYKK

早野　山崎拓さんは、中曽根内閣の官房副長官だった。僕にとって当時の拓さんは、まず官房副長官として日常的な取材対象だったわけです。それで拓さんは中曽根さんに近い国権主義の非民権派かと思っていたんだけど、付き合っていくと、体質的にはどうもそうでもないんだな。

佐高　それはどういうところで感じた？

早野　見た目の印象になるけれど、まず拓さんは背中が反り返っていない。ごく自然に、むしろ前屈みで冗談も交えて話す。重々しく政治を語るタイプではないんだ。

佐高　山拓は大卒後に、いきなり政治家？

早野　いや、ブリヂストンに勤めて、五年くらいサラリーマン生活をしてたんじゃないかな。彼は一九三六（昭和一一）年に大連で生まれて、終戦後に帰国、福岡の修猷館《しゅうゆうかん》高校、早稲田の第一商学部を卒業している。それで一九六七年に県会議員に当選するんだね。

佐高　三〇歳で県会議員か。

早野　それで中曽根に見出されて、一九七二年に衆議院議員に初当選。加藤紘一、小泉純一郎、石原慎太郎なんかも同期だな。ＹＫＫは同期生の三人組だったんだね。

僕らが政治記者として彼と本格的に出会うのはＹＫＫのときですよ。反田中、反経世会の旗を掲げ、田中支配、後に竹下派支配という、自民党の中の強権構造に反旗を翻して登場したわけだね。ただ、この三人の方向性が果たして同じところを向いているのか、疑問にも思えた。加藤紘一はこれはもう宮澤の弟子で、言うまでもなく民権派だ。

佐高　弟子筋を言うなら、宮澤というよりは大平だね。

早野　そうか。いずれにしても、我々が充分に語り合ったように、加藤が自民党きっての、もっとも深みのあるリベラリストであったことは間違いない。

小泉純一郎は福田赳夫の書生だった。福田という人は単なる右派じゃなくて、飄々《ひょうひょう》とした人生の持ち味があったから、小泉純一郎はそこを受け継いでいると思う。福田さんとは世代が違うから、もうちょっと小泉のほうがキャピキャピしていたけどね。

佐高　これも、あなたの言葉を借りれば反っくり返ってはいないよね。

早野　反っくり返っていないし、小泉純一郎は、はしゃぎ屋でもある。福田さんは角栄と対決しなければならなかったから、背筋を伸ばしてしみじみと語るところもあったが、小泉にそれはない。

▼山拓と辻元清美の通じ合い

早野　そして、拓さんという人は中曽根の子分なわけで、だから僕たちはなぜ彼はＹＫＫなんだろう、と思っていた。よほど国家に対しての思い入れがある国権派かと思うと、先ほど言ったようにそうでもないんだ。彼は修猷館から早稲田だけど、大学では何をやっていたんだろう。

佐高　反っくり返っていないというのはいい言葉だと思う。山拓を語るにふさわしい、いい言葉ですよ、それは。山拓は雄弁会じゃないでしょう。そこがいいと思うんです。雄弁会というのはろくでもない奴ばかり出てくる。私は、早稲田雄弁会と松下政経塾は政治家の二大ダメ出身母体だと思うんだけど、そこに入っていないというのがポイントなんじゃないか。雄弁会の匂いがしないよ、山拓からは。

早野　そう言われれば入ってなかったな。口先で政治を語って、何か政治を論じたような気になる、政治を扱ったようなつもりになる、そういう人種とは拓さんは違うんだ。
佐高　山拓にとって政治はテクニックではないということですね。
早野　そう。自分がそれなりにひたむきに生きてきた、その中から拓さんは政治への思いをつくり上げてきたような気がするな。
浮気なんかもいろいろしていたみたいだけどね（笑）。
佐高　エロ拓って言われているんでしょう？
早野　そうでしたね。
佐高　不倫が叩かれる時代に問題発言かもしれないけれど、それは彼の艶でもある。山拓は「週刊文春」でスキャンダルを報じられましたよね。
早野　いろいろやられていたね。
佐高　あのころ、ＹＫＫと辻元清美がすごく近かった。あるとき、山拓が辻元に、「俺のこと軽蔑してるだろう？」と言ったら、辻元は、「いやもう見直した」と。そんなにひたむきだということで山拓さんを見直したと辻元が言って、山拓がほっとしたと言うんだ。後で辻元に聞くと、三人の中では人間的にはいちばん山拓に親近感が湧くと。それはわかる気がするよね。

▼民権運動を潜《くぐ》ってきた国権

早野　辻元というのは、またなかなか人間への思いの深さを持っている人で、奥行きのある観察眼もそなえていて、だから拓さんの人間性をちゃんと評価できるんだよ。左翼的な視点で一見すると、ＹＫＫは、「加藤紘一さんはいいけれど、小泉さんは飛び跳ねちゃっていて右っぽいし、山拓さんは危なっかしいわ」ということになりそうだけどね。

佐高　セクハラ親父みたいなね。

早野　「あまり近づかないほうがいい」という見方が、どちらかというとリベラルな女性たちの共通感覚じゃないかと思うんだけど、辻元清美はそれが違う。拓さんを面白い人間だとわかるんだ。それはやはり苦労してきたからだろうな。

佐高　山拓と辻元の通じ合いというのは面白いですよね。加藤の乱のとき、山崎派は乱れなかったというので漢《おとこ》を上げたわけでしょう。

早野　たしかに福岡出身らしく、漢という感じがあるね。そして拓さんはいかにも早稲田らしい人物でもある。朝日新聞の伊藤正孝なんかと、中学、高校と一緒で、ひどく仲がいいんです。伊藤正孝は新聞記者としては世界の危険なところに突撃して取材してきた稀有《けう》な人物です。

佐高　私も伊藤さんとは近かった。修猷館高校で、山拓、伊藤と同期で、厚生省の官僚になった山内豊徳《やまのうちとよのり》という人がいる。環境庁の企画調整局長になって、水俣病認定訴訟で国側担当者となる。患者側を拒否する自らの立場に苦悩して、自殺した人です。その人のことを書いてくれと、私は伊藤正孝から頼まれた。山内さんの奥さんに取材して「水俣病とある官僚の死」という文章を書いたんです。山内さんはまさに国権と民権の軋《きし》みの中で亡くなったわけだけど、山拓、伊藤を同級生とするその出身校の修猷館という高校の存在も、私には強く印象づけられました。

早野　修猷館という名前からすると国権派みたいな成り立ちだと思うけれどね。

佐高　もともとは藩校なんだけれど、玄洋社なんかも関わりがあるんです。その校風の核心は、民権運動を潜ってきた国権なんだね。あるいは民権運動の流れを残している国権というか。山拓の、外から見て感じる揺れみたいなものは、その源流の幅をあらわしているんじゃないか。

早野　あと拓さんというと、柔道ですね。たしか六段とかいうから、相当の使い手だよ。「本はちゃんと読んだことあるの？」と僕が訊いたら、「俺はトルストイと夏目漱石だ」と答えていました。

佐高　それもまた本流ですね。

早野　夏目漱石はほとんど全部読んだと言っていた。

佐高　へええ。

▼広田弘毅《こうき》と玄洋社

佐高　修猷館出身というと中野正剛がいますよね。

早野　そうです。

佐高　それから広田弘毅。

早野　拓さんは広田弘毅を尊敬しているんだ。それから朝日新聞の緒方竹虎も修猷館出身だな。

佐高　緒方竹虎と中野正剛は、早稲田時代に一緒に下宿する仲だった。中野正剛は戦時中、東条に身柄を拘束され、釈放後に自決している。右派といっても、そういう反主流の気骨がある。別の言い方をすれば主流に乗り切れないというか。加藤の乱のとき、山拓はあそこまで義理を果たす必要はないんだよね。

早野　加藤紘一が何とか森を引きずり下ろそうとする、これはわかるんだ。これを拓さんは義理堅く応援するんだ。一緒について行くわけだよな。

佐高　つまり中野正剛的な、まっすぐつき進んで、権力が歪《ゆが》んでいるとそれとぶつかるみたいな気質が山拓の中にもあるんでしょう。

早野　ある。しかしもうちょっと別の臭みはあるけどな。

佐高　臭みというと？

早野　中野正剛のような鋭利な凄みは拓さんにはない。挑戦し、ぶつかる相手に恵まれなかったというのもあるな。

佐高　たしかにシャープな感じではなく、鉈《なた》みたいな感じの批判力だよね。

早野　そう。広田弘毅的と言ったほうがいいかもしれない。

佐高　城山三郎さんが『落日燃ゆ』で広田を描くわけです。外務大臣として、首相として、広田が軍部に反対したのは確かだと思うけれど、それは必ずしも明確な姿勢としては示されなかった。玄洋社の頭山満や黒龍会の内田良平と深い交流があったことも連合国側に広田＝右翼とみなされたことに繋がっている節もある。

早野　そして、広田弘毅は戦犯として、文官でただひとり処刑される。

人脈的に言えば、広田弘毅の後を受け継ぐのが拓さんなんだよな。

佐高　士族民権という言葉があるでしょう。薩長《さっちょう》が権力を握って、不平士族が民権運動に走る。福岡は雄藩だったけれど、薩長には乗り遅れるわけだから、そうすると言論に向かうんです。そういう士族民権の流れを、玄洋社や修猷館は残していたと思う。だからまっすぐに権力者にはならない。

▼侵略主義とは異なるアジア主義

佐高　アフガニスタンで医療活動を続け、現地で医療活動や用水路の整備などにあたってきたペシャワール会の中村哲さんなんかも玄洋社の系譜です。彼は火野葦平《あしへい》の甥《おい》っ子にあたる。
山拓は、加藤に続いて、今度は小泉を支えてしまうわけでしょう。あれは半分は義理人情の世界ではないのか。
二〇一五年に連合会館で、「憲法行脚の会」が主催した早野さんと山拓の対談があったでしょう。あれは面白かった。
早野　拓さんは集団的自衛権は違憲だと言っていたんだな。「今の内閣（安倍政権）はまたぞろ官僚支配内閣になっている」（佐高信編著『安倍「壊憲」政権に異議あり――保守からの発言』河出書房新社、二〇一五年）というのが拓さんの危機感だった。
佐高　そうすると認識としては、山拓と、秀征の「官権と民権」というのはけっこう近いんですね。
早野　官僚出身でないというところに彼の原点がある。
佐高　玄洋社の系譜にこだわるようだけど、頭山満にしろ内田良平にしろ広田弘毅にしろ、単なる侵略主義ではない。アジアの被植民地国の独立運動を助けようとする側面もあったわけでしょう。それは挫折したり、やはり国権の側に転向したりもするわけですが、『政治家の本棚』の中でも、山拓は玄洋社のアジア主義を再評価していて、「最終的に侵略のほうに行くんですが」と、そのあたりをちゃんと捉えている。だから山拓は民権を含む国権とでもいえると思う。

早野　拓さんは一九三六（昭和一一）年生まれで、親父が満鉄にいた。日本がアジア進出した戦時中の匂いを知っているわけですよね。それに加えて福岡のあの地域は川筋気質だ。玄洋社ということもあるが、より原点を言うなら、川筋者気質だよ。川筋者というのは「義を見てせざるは勇なきなり」というとかっこよすぎるけど、ひねているけど俠気《きょうき》がある。

佐高　つまり弱い者いじめは絶対にだめ、と。

早野　そういうところがあって、政治理論というか理屈のない人だから、時々、現実の政治的局面では間違えることもある。

佐高　なるほど、川筋者か。さっき話した中村哲もそうですものね。彼の場合は理論面もあるけど、肌合いや体質で行動するから、なまじっかの左派よりずっと信用できる。

山拓は理論というより肌合いだから、加藤とも小泉とも結びつく。

早野　加藤も小泉も、タイプは違うけれど俠気がある。加藤はリベラルへの俠気だし、小泉はやくざ的な俠気。

▼炭坑の町の川筋者気質

佐高　早野さんのインタビューでも、小泉は、自分のお祖父さんは「全身入れ墨でした」とはっきり言ってますよね。

早野　そうだったね。

　拓さんの親父さんは満州雄飛を夢見たんだけど、それは果たせず日本が戦争に敗れる。そういう状況を拓さんは肌身でわかっている。戦争とは何か、日本にとってアジアとは何だったのか、ということですね。それとあのあたりはやはり石炭だよな。炭坑の気性というのもある。

佐高　山拓の祖父の山崎和三郎は玄洋社の幹部だったようですが、飯塚炭鉱を経営していた。炭坑にはいろんな所の人が流れ込むわね。差別を受けた人、海を渡ってきた朝鮮人……。

早野　それに、やくざも入ってくる。

そして炭坑には、まず何と言ったって底辺での根源的な労働というものがある。そこから炭労をはじめ労働運動が起こり、戦後の日本の民衆闘争をリードしたじゃないですか。あと、炭坑の周辺では文芸運動なんかもあったんですよね。

佐高　谷川雁《がん》、上野英信、森崎和江、石牟礼《いしむれ》道子の「サークル村」なんかがそうですよね。山拓は文芸運動とかは接点がなかったと思うけれど、炭坑の町の川筋者気質は確実に受け継いでいる。だから肝っ玉は据わっていますよね。

早野　拓さんがいちばん心に刻んでいる本は、さっき話に出た『落日燃ゆ』なんだよね。これは広田弘毅を描いたドキュメント小説なんですが、広田弘毅も今の選挙区でいえばやはり福岡二区の出身だった。拓さんはその後を襲っていることになる。広田弘毅は太平洋戦争に敗れた後にA級戦犯にされ、文官でただひとり死刑を宣告されて一三階段を上ったわけだね。奥さんの静子さんが、夫が心乱れずに処刑台に行けるように、その前に自殺した。その物語を城山三郎さんが書く。これを読み、かつ城山さんからも話を聞きながら、広田弘毅の軌跡を心の座標軸として、自分の志の先達として、拓さんは尊敬しているわけだ。

佐高　『落日燃ゆ』とか『男子の本懐』を愛読書に挙げる政治家はけっこういるんだけど、

得てしてそれは責任を取らない竹下のような人である場合が多い。

ところが山拓の場合は、実際に損するほうにも賭けている。加藤の乱なんて、あれで政治家として潰れる可能性だってあったわけだから。

▼小泉時代とは何だったのか?

佐高　連合国側が広田弘毅の責任を問うたのは、近衛文麿《このえふみまろ》が自殺してしまったからだとも言われています。連合国側からすると、文官を戦犯の中にひとり入れなくてはいけないと。するとと都合のいいことに、玄洋社や黒龍会に連なる奴がひとりいるということになってしまったわけです。つまりファシズムの大震源である右翼団体の関係者がひとりいるじゃないか、と。連合国からすると、玄洋社の民権的な部分などは視野に入らなかったと思う。広田はそれで引っ張り上げられたとも言われています。
城山さんは、従容として弁解せず死刑を引き受けたというふうに広田を描いた。そこに感激する山拓も、あまり弁明をしないよね。加藤に近くて、小泉にも近いというのは本当なら引き裂かれるはずなんだけど、でもふたりを共に支えていく。これはやはり、早野さんが言った俠気でしょう。主義主張でなく俠気の人だ。

早野　二〇〇一年に自民党総裁選があり、橋本と麻生を破って小泉が総理大臣になる。それで拓さんは幹事長になるんだ。小泉は靖国を公式参拝してしまうわけだね。そして九月にはニューヨークでテロが起こる。そして報復のアフガン戦争へ。こういう状況の中で、拓さんは小泉を支えていくわけです。政治の方向性は別にして、なかなかいいコンビではあったな。拓さんのその後の政治行動はどんなだったっけな。

佐高　第一次安倍政権の後、福田内閣・麻生内閣で外交調査会長を務めた後は選挙で落選し、自民党の定年制度によって公認されなかったんじゃないかな。その後政界引退を表明する。

二〇一五年に連合会館で早野さんと対談したときには、「今日は加藤紘一になりかわって来ました」と言って、民権派の継承者として登場した。安倍に対してすごく批判的だったよね。

早野　そうなると、国権的民権派としての拓さんは、加藤を支えた局面と、現在の反安倍の姿勢は繫がるけれど、小泉時代というのを洗い直す必要があるな。それが拓さんの義による助太刀《すけだち》であるにしても。小泉がやったことって何だったんだろう。靖国参拝と……。

佐高　やはり新自由主義の導入ですよ。勝者と敗者をはっきりさせて格差を広げた。

早野　別な言い方をすれば、社会福祉の切り捨てということか。それも拓さんは支えたんだよね。しかし小泉はいま、原発ゼロと言っている。

佐高　そう。もともと民権派の加藤紘一、民権派色を増した山拓、そのふたりを経由して小泉が脱原発に向かうという流れにもなりますね。

▼人民に対する情愛

早野　小泉政権のときは、新自由主義という耳あたりのいい言葉ではなく、余計な福祉は切り捨てろ、財政再建だ、と呼号されていた。

佐高　完全に弱者切り捨てですよ。

早野　財政再建の金看板で小泉は五年の政権を営んだけど、拓さんはその政治姿勢に対しては格別の異論は言ってなかった。

佐高　一方では当時、山拓は盛んに改憲案を出していましたよね。改憲を主張する本も書いていた。

早野　それは九条の問題でしたっけ？

佐高　九条が要だったと思います。当時からすると、いまの山拓はかなり変わってきている。

早野　拓さんの政治は、庶民の生活実感に根っこを置いているというのでもないかもしれないね。彼の政治的な志や夢というかな、やはり天下国家を論ずるところに拠点があったようにも思う。

佐高　だから両面を持っていて、それがその時々で顔を出すということだよね。

早野さんの本でなるほどなと思ったのが、「生まれは大連」とあるじゃない。植民地で生まれているということは、最初から治者の立場だよね、幼児体験としては。それに対する思いがどうあるかで、山拓の立ち位置は変わってくると思うんだ。

早野　拓さんは辻元清美を可愛がったりしているわけだけど、辻元清美は簡単に言えば被治者の側の政治家だからね。拓さんも人民に対する情愛は持っていることは確かなんだ。単に搾取する体制側ではないという心根はある。このへんがどういうかたちで出てくるかということですよね。

佐高　皮肉っぽく言えば、麻生太郎は麻生炭鉱の息子でしょう。あそこは戦前・戦中に朝鮮人炭坑労働者をひどい条件で使っていたりしたけど、麻生はそういうことに一切関心を持っていないと思う。

山拓の祖父は飯塚炭鉱の経営者だけど、彼はそこで働いていた朝鮮人や被差別部落出身者に向ける眼《まな》ざしを持っていたのではないか。

早野　拓さんの、肌から伝わってくる情愛みたいなもの、それは山拓さんの政治的本質に関わっているような気がするね。

▼批判というのはありうるものだ

佐高　女性を好むというのもそこに関わってくるのかね？

早野　それももちろん。本質的に繋がっているでしょう。拓さんは記者との付き合いだってマメですよ。だからといって妙にサービスするということでもないんだ。

佐高　大連生まれというのは、アジアとの関係で言えば、逆にアジアの痛みもわかるというか、侵略の側にいた自覚にも繋がるという面もあるはずです。

早野　そういうのをありありと表現する人じゃないし、彼は反体制の人ではないけれど、政治的次元よりも情愛的次元でアジアの民衆に対しても接するところがあるんじゃないかな。

佐高　テレビで一緒になった山拓を、ぼろくそに言ったことがあるんです。当時は向こうは自民党代表として出演しているわけだから当たり前です。でも、その後、こちらに対して「口もききたくない」とか言い出すことはない。それも人々に対する情愛というものかもしれない。

早野　角栄もそうだった。僕は角栄ファンだったから、彼が闇将軍と言われるようになってからも目白の自宅に通いました。しかし時々、「角栄はこんなことを言っている」と批判的なことを書かないと商売にならないから、角栄が怒り出しそうな記事を書くわけです。それで翌日も目白に行かなくちゃいけない。そうすると角栄は、「お前、あんなこと書きやがって」ともちろん怒るわけだよ。しかし、「しょうがない奴だな。それで今日は何を聞きたいんだ」と言うんですね。

佐高　それは本来、政治家に欠かすことのできない胆力かもしれませんね。

早野　腹の据わった政治家は、鋭く批判されることも含むメディアやジャーナリズムとの関係を、自分の中で深く納得しているんだな。「奴らはやはり俺のことを批判するんだ。しかし批判されたからといって会わないというのは、これは違う。この緊張関係が大事なんだ。また話を聞きたいなら聞きにこい」というわけだ。

政治というのは一日一日刻んでいって、一日一日過去のことになっていく。相手に嫌われるかもしれないと思いながらの、時々刻々の取材の場面は、政治の醍醐《だいご》味《み》でもあると思います。

佐高　政治記者のまさにライブな実感だね。それと、批判というのはありうるものだというのが政治家の前提であるべきでしょう。いまは批判があってはならないものになっている。安倍は完全にそうです。

▼なぜ山拓は加藤の代弁者になったか？

早野　ライブな実感と言ってもらった内実をもう少し話すと、政治記者の批判の真骨頂は遠くから正論を述べるというものではなくて、昨日や今日しゃべったことを「これはおかしいんじゃないか」と書いて、翌日会いにいく、そしてそこからまた様子を探るということにある。つまり政治のダイナミクスが政治家と記者の間に内部化されているわけです。そういう面白さがありましたね。

拓さんはまさにそういうことを存分に受け止めて付き合える相手だった。

佐高　なるほど、政治と世論の間の反発や同調、それを政治家と記者が先行して、予感的に表現できる、ということですね。これは早野流政治ジャーナリズムの極意だね。

早坂茂三なんて、角栄取材の挙げ句に秘書になってしまうわけですからね。

早野　早坂茂三は、昔、「東京タイムズ」で角栄を取材して、大批判する。それでまたのこのこ角栄のところに出かけていったら、「お前、書いたな!」と怒鳴られる。しかし、その応対に情を感じて、ついには角栄の秘書になってしまう。早坂茂三も感情のダイナミクスが大きい人だったから、そこまで走ってしまうわけだ。

僕らはやはりジャーナリズムという役割、その大切さを自分の心の中に刻んでもいたから、そう簡単に角栄に取り込まれるわけにはいかないという気持ちもあった。でもやはりちょっと、ほだされるところもあって、そのへんが自民党の理屈派でない政治家の持ち味だったんじゃないかな。その意味では、拓さんは角栄にも繋がっているね。

佐高　政治家として、人間として、同じタイプということだね。

早野　本来の自民党的とも言うべきかな。日本人に共通するキャラクターというのが果たしてあるのか、僕はよくわからないけど、戦後七〇年経ってもまだ自民党が政権を握り、途中でせっかく民主党政権ができたのに三年くらいで潰《つい》えてしまうというのは、そういう情に関わる部分が大きいような気もする。

佐高　しかし山拓が最近、情の部分だけでなく、理詰めでも安倍政権を批判しているように見えることは注目に値する。加藤の死に際して山拓が、加藤は九条改憲は一言一句たりとも反対だと言ったと明言し、加藤の代弁者になる。山拓は加藤を首相にしたかった。しかし、ちょっとしたボタンのかけ違えで小泉になってしまった。そして自分は小泉を支えたけれども、やはり加藤だったたな、と。そして小泉政権から安倍が生まれたという、山拓なりの総括というか、何らかの忸怩たるものがあるんじゃないか。

早野　それはありうるね。しかしここでやはり小泉だよな。状況を動かした人物として民権派に関わってくるのは。加藤ではなく小泉が総理総裁の座を極めて、山崎拓がそれを支える。これはえも言われぬ政局の妙味だったわけだ。

▼「私は貝になりたい」に影響を受けた小泉

佐高　話が何度もそこへ戻っていくね。早野さんの『政治家の本棚』で、小泉はどんな本を挙げているんでしたっけ？

早野　小泉純一郎は僕の質問に懸命に答えてくれて、若いころは「私は貝になりたい」というテレビドラマに感動して泣いた、と発言している。

佐高　フランキー堺が主演でしたよね。

早野　佐高さんは放送当時に見ましたか？

佐高　当時見たかどうかは覚えてないけれど、見ていますよ。

早野　僕は当時見たんです、親父とおふくろと一緒に。それでひどく感動したんです。『政治家の本棚』を書いたときには当然皆知っているものとして書いていたんだけど、いまの若い人は知らないだろうから、説明しておかなければいけない。

フランキー堺が演じる高知県在住の理髪師が兵隊にとられて、撃墜されたB29の搭乗員を、上官の命令で殺そうとする。しかし、気が弱い男で実際には致命傷とはならないんだね。ところが戦後、捕虜を殺した戦犯に問われて、死刑になる。そして処刑を待つあいだに、人間の世界の戦争とか悪とか、これはもう自分は関わりを持ちたくない、と。何も語らずに、深い海の下でじっと生きている貝に生まれ変わりたいと遺書を書くわけだ。これが「私は貝になりたい」ですね。

小泉純一郎にはこの作品に反応するような心性があるんだな。それから本に書いたけれど、辺見じゅんの『収容所《ラーゲリ》から来た遺書』（文藝春秋、一九八九年）とか、シベリア抑留の話なんかにもすごく興味を持っている。これはなんでなんだろうな。横須賀で育って、海軍基地の傍《そば》にいたということもあるんだろうか。親父は議員、祖父さんも横須賀市長や議員をやっていて、地元の名家の出ではあるんだけど、小泉純一郎は戦争に弄ばれた人々の運命に心を寄せるところがある。少なくとも僕には懸命にそれを語ってくれた。そこが彼のひとつの原点なんだ、どういうわけか。

佐高　祖父ちゃんは、政治家という顔よりも、博徒だったということのほうが大きいと思います。博徒というのは極限状態というか、非日常を生きているわけでしょう。小泉は極限状態に興味があるのではないか。もちろん『収容所から来た遺書』も、「私は貝になりたい」も、そこに置かれた人への共感や同情があるんでしょうけれど。

▼政治勘ではなく博打勘

佐高　一方で、こんな話がある。保坂展人《のぶと》が死刑廃止議連の事務局長で、会長が亀井だったころ、小泉を勧誘に行ったそうです。そしたら小泉が、死刑のときに人はどういう苦しみ方をして死ぬのか、そればかりをすごく聞きたがったらしい。死刑廃止の話ではなく、その話になってしまった、と。そういう刹那に興味を向ける、博徒的な感覚があるんじゃないか。政治というのも、関わり方によっては、イチロクの賭博勝負みたいなところがあるでしょう。

早野　それは大いにあるだろうな。

佐高　郵政民営化のときだって、解散したら絶対に負けると言われていたのを、小泉はひっくり返したでしょう。

早野　選挙に、というか勝負に勝っちゃうんだよね。

佐高　ほかの政治家にはああいう真似《まね》はできないよね。

早野　小泉のそういう勝負勘は、政治勘よりも博打勘だったんだな。

佐高　そう、博打勘だった。絶対に解散はしないと亀井は思ったわけでしょう。ところが小泉は、非日常を生きている、普通でない人だから、勝負に出る。そういう勘があったわけです。

　北朝鮮に乗り込んでいったのも、ヒューマニズムを超えたものがあったと思う。

早野　いや、あれは小泉流ヒューマニズムだったと思いたいな。

　しかしたしかに、育ちは決して貧しさの苦しみを味わったわけではないんだけれど、人間観、政治観は、いつも極限状況を想定しているようなところがあった。それで政治をやるから、ある意味では怖いんだ。

佐高　怖いよ。

　早野さんが『政治家の本棚』でインタビューしたときは、小泉が首相になるなんて誰も思っていなかったわけでしょう。

早野　そうなんだ。あれを書いたのは一九九六年だった。

佐高　だからほとんどあなたの趣味でインタビューしたようなものでしょう。

早野　自民党総裁選には一応立候補していたんだ。「いわばドン・キホーテだった」と言っている。いずれ総理大臣になるなんてことはまったく感じ取れなかった。いわば雌伏期の小泉の発言として、明治の俠客の血筋を受け継いでいること、特攻隊世代の儚《はかな》い青春を惜しむ気持ち、それが記録されているんだ。

▼靖国を参拝した小泉の内面

佐高　やはり危ない人ですよ。

早野　首相になった彼は靖国の公式参拝に踏み切ってしまったんだよね。それまで靖国は戦前の軍国体制のいわばシンボルとして、政治的には忌避すべきものだった。戦後民主主義と靖国神社は相容れない。自民党政権であっても、基本的にはそういうふうに来ていたんだけれど、小泉はどうしても靖国神社に公式参拝したい、総理大臣として参拝したい、と思い始める。これは揉めたわけだな。

政権を取った直後だった。小泉は八月一五日に行きたいと言い続けたんだけど、幹事長だった拓さんや官房長官の福田康夫が反対したとみられていて、八月一三日参拝に繰り上げられた。八月一五日の参拝は、さすがに世間の目に受け入れられないだろう、と。まだ、つらい戦争体験を持っている民衆が、戦前の体制への拒否感を強烈に持っていた時代だったからね。それでも彼は、八月一三日にあえて行く。

一体なぜなんだ。我々もさんざん訊いたわけだけど、「どこの国でも戦没者に対して総理大臣が哀悼の意を表する。それに対して批判する国はあるのか」と言うばかりなんです。小泉の気持ちをあえて表現してみると、「日本の場合は中国と韓国という存在がある。日本の総理大臣が靖国神社を参拝して、侵略戦争を肯定するかのように見えたならば、中国や韓国は面白くないだろうし、批判もするだろう。しかし自分はもっと原初的に人間がつくり上げてきた国の歴史を見ていて、それぞれの国に過ちがあるときもあれば、うまくいくときもある。そして為政者の過ちの中で戦争が引き起こされ、その戦争の中で死んでいった人がいる。戦争の相手には申し訳ないかもしれないけれど、死んでいった自分の国の若者たちに対して悼むことを、どうしてしてはいけないのか。俺は行くぞ」と、こういうことで行っちゃったわけだ。

総理大臣になったばかりだったし、またあの小泉調でぶっきらぼうにしゃべるから、いま僕が言ったように嚙《か》み砕いて発言はしなかった。「俺は行くぜ。戦没者を悼むのは当然だ」。それ以上の説明がないから多くの批判も出たんだけれど、僕が小泉から感じ取った彼の気持ちのありようはそういうことだった。

その後の小泉は必ずしも右翼的政治家じゃなかったでしょう。戦前回帰的な発想での政治というよりは、もっと未来に向かって合理的な社会と政治をつくろうじゃないかと、突き詰めて言えばそういう発想だったと思う。

▼弱肉強食の社会を肯定

佐高　小泉は、いま早野さんが言ったように、深く考えて靖国に行ったわけじゃないかもしれない。しかしだからこそ、その後、利用する奴らに徹底的に利用された。身を賭して靖国参拝に反対したのは加藤紘一ですよ。そして加藤は右翼に家を焼かれる。ところがそれに対して小泉は、遺憾の声明をすぐには出さないいんだよ。普通なら首相なわけだから、政治家の家が焼かれたとき、思想はどうあれ「遺憾だ」と言うでしょう。しかし小泉は出さない。しばらく経ってから言及したんです。

早野　コメントしたことはしたの？

佐高　でもしばらく経ってから。あれは出し遅れの証文みたいなものだよ。

私は小泉〝単純一郎〟と言っているけど、深く考えないところに危険性があって、その後の日本をおかしくしていった。

早野　やはりおかしくしていったと思う？

佐高　もちろんそうだよ。本人はそういうつもりはなかったと言っても、安倍を引き上げてしまったわけでしょう。早野さんは小泉に甘すぎるな。小泉政権当時は、「朝日新聞」のコラム「ポリティカにっぽん」なんかで、小泉流改革と戦争への気流の同時並行について、もっと厳しく見ていたような記憶があるけど。

早野　そうかもしれない。小泉時代の自分についても振り返っておかなければいけないな。

外交では、北朝鮮電撃訪問以外に、小泉がやったのは何だったかな？

佐高　外交はアメリカべったりでしょう。ブッシュの「対テロ戦争」を支持して、イラクに派兵した。「自衛隊のいる所が非戦闘地域」とかわけのわからないことを言って。

早野　戦闘地域か非戦闘地域かという議論があって、自衛隊には戦闘をさせない、非戦闘地域に助けに行くんだという理屈だったね。僕がどこか小泉に甘いというのはわからなくもないが、佐高信は、小泉政権のいちばん良くなかったところはどこだと思うの？

佐高　繰り返すけどやはり弱肉強食の社会を肯定してしまったことと、国権派への道を開いていったことですよ。

早野　小泉という人は、政治状況や社会状況を深く読み込んで、それを自分の中で整理して、そして次の時代を切り拓いていく人ではなかった。ある状況に立ち会った政治家として、その時々に「俺はこう考える。これをやるんだ。ほかの連中もそれぞれ、その時々にやればいいじゃないか」という態度なんだね。だから加藤紘一に対しても「加藤は加藤だ。俺は俺だ」と。ふたりともそれでいいのだ、と。そして拓さんは両方を支えた。YKというのは面白くて、それぞれが違っていて、それぞれがその違いを否認しないんだ。小泉は特に、そういう構えを政治の営みの基軸にしていたと思う。

▼空虚な明るさと、ファシズムの胎動

佐高　小泉のその瞬間瞬間の勝負というのは、政治の力学としてはファシズムを内包しているよね。実際、ファシズム的なあらわれをしていた。

友達としては面白いけれど、首相にしてはいけない人だったでしょう。

早野　これで日本は良くなったのか、悪くなったのか。佐高さんは明らかに悪くなったと言う。でも派閥政治の中であっちを見たりこっちも見たり、あいつがああ言ってるなら俺のほうはこういうかたちで折り合おうとか、手を結ぼうとか、そういうふうにやってきた政治が終わったことは確かですよね。小泉の、「俺は俺だ。お前はお前で勝手にやれ」というセンスは、旧来の自民党政治とはまったく違ったわけです。

小泉の新しい政治勘は頭抜けていたから、同世代の政治家の中には、小泉の足を引っ張ってひっくり返す力量を持つ存在はいなかった。小泉は議員に金を配ったわけではないんだけど、なんだか知らないけど総理大臣になってしまって、ひとりで走っていった。拓さんはそう思っていたんじゃないかな。

佐高　小泉の話で唯一というか、面白いと思ったのは、証人喚問のときに人権に配慮して静止画像にするべきだというような話があったでしょう。中曽根あたりが言い出したことですよね。そのとき小泉が言ったのは、本人に決めさせろ、と。本人が静止画像を望むなら静止画像にしたらいいじゃないか。本人が静止画像じゃなくていいと言うなら、映像を撮ればいい。それは本人に決めさせればいいんだと言うんです。それはわかりやすかった。

早野　面白いな。それは小泉の本質ですね。

佐高　だから、小泉が「自己責任」と言ったのは、彼の体質そのものから出た言葉という面もあるわけなんだけど、国家が個人という弱い存在を守らない時代精神と合致してしまって、とてつもなく悪い気流を生み出してしまう。そういうふうに小泉という思慮のない首相が、国権派の台頭を許し、ついに安倍時代になったわけです。

早野　佐高さんの批判はいちいちうなずけるんだけど、僕は日本政治の気分が変わってなかなか良かったとも思うんだけどね。第一、明るかったでしょう、時代が。

佐高　空虚な明るさですよね。そこにファシズムが胎動していたことのほうが見逃せないと思いますよ。

第五章　小沢一郎の「革命」

▼なぜ小沢には陰があるのか?

佐高 『政治家の本棚』には小沢が出てこないんだよね。

早野 そうなんだ。小沢はたしか「俺には語るべき本がない」と言って断った。

佐高 靖国の話で言うと、小沢は参拝を主張したりしない。つまり彼は南部藩で賊軍なんだよ。

早野 ずいぶん古いところから謎解きするね。本当にそんなことを引きずっているのかな?

佐高 これは平野貞夫さんに確かめたことだから。つまり南部藩出身で靖国を参拝したら、選挙民から大反対を食らうわけです。靖国というのは官軍、戦勝した人しか祀ってないんだから。

早野 明治維新のときの戦乱の中ではね。しかし、現代政治をそういうある種、俗流の歴史的情念で分析するのはちょっと違和感があるね。

佐高 いや、特に東北は、いまだに「靖国なんて何言ってんだ」という気分なんですよ。

早野　あなたは山形だから靖国をそういうふうに感情的に否認するんだな。あるいは歴史的に否定するわけだ。

佐高　感情的と言われると不本意ですが、あれは国を代表するものなどではない。もとは諸藩が戦死者を祀った特殊な神社を大きくしただけだ。私はそういう正当な歴史観に基づいて言っているんです。

早野　いや、ムキにならないで。たしかに小沢がそういう東北の匂いを背負っているとは思いますけどね。

佐高　明らかに背負っているんです。

早野　それが政治構造の中に若干の屈折を生んでいるかもしれないね。田中角栄は、貧困の中から成り上がったとはいえ、新潟の貧しさの中から政治を構築していったとはいえ、明るいでしょう。でも小沢にはどこか陰がある。

佐高　小沢の陰というのはいくつも要因があると思うけど、それは二世の暗さでもあると思います。一世が時代を切り拓いたのは、明るい社交でやってきた面があるわけだから。

早野　何と言っても角栄は明快な自己肯定の中で生きてきたからな。

佐高　そう、自己肯定。ところが二世は自分を肯定しきれない。

それと、小沢の父親で政治家だった小沢佐重喜《さえき》は女性関係が派手だったんでしょう？

早野　それはよく知らない。

▼東北弁は最初の屈折

佐高　小沢は母親のミチさんを大事に思うからこそ、父親に対して屈折しているところもある。

早野　小沢は一九四二（昭和一七）年生まれ。いわば太平洋戦争の最中に生まれているわけだな。そして岩手の小学校、それから東京に出て小石川高校、慶應義塾大学の経済学部。親父が議員をやっていて、吉田茂の側近としても知られていた。親父は一九六八年に死ぬ。そして小沢は六九年に二七歳で岩手に行って当選。それからがすごい。一七回当選している。最初の選挙のときは田中角栄が幹事長で、小沢は角栄の薫陶を受ける。このころ田中派の新人議員がドバッと出てきて、それが角栄の総理大臣への基盤になっていくわけだ。

佐高　小沢の屈折にはもうひとつあると思う。東北出身者が東京に出て来た場合、東北弁は最初の屈折なんですよ。もう、人格と関係なく侮蔑されるからね。

早野　そうなんだ。

佐高　「そうなんだ」って、あなたは本当に地方出身者に冷淡だね。その面で私は小沢に共感するものがあるんです。東北弁をしゃべると笑われるんだから。早野さんは笑うほうだったでしょう?

早野　そうかもしれないね。

佐高　男から笑われるのはまだいい。女性から笑われると、人生終わりみたいな気持ちになりますよ。

早野　そういう屈折を小沢一郎も抱えていた、と。それは東北人でないとわからないね。

佐高　小沢の話し方は、自分を元気づけるようにしゃべるじゃない。

早野　確かめ確かめして丹念にしゃべるところがあるよね。首を振りながら。角さんみたいに口から出たとこ勝負、速射砲みたいにしゃべるのとはかなり違う。

佐高　小沢のあの話し方が実直そうに見えるというのもあるけれど、一生懸命自分で東北弁を克服したんだなと思う。

早野　なるほどね。

　小沢一郎は二七歳で当選して国会議員になっている。四三歳で、中曽根内閣の自治大臣になる。そして角栄に対して金丸・竹下が派中派としてつくった創政会の、金丸・竹下に次ぐ存在になっていく。その創政会が一九八七年には経世会になる。これは、角栄が総理大臣を退いてずいぶん経つのに、依然として闇将軍として田中派を率いていたから、その体制をひっくり返そう、次の世代にバトンタッチさせようということの中での動きですよね。そして一九八九年に海部《かいふ》内閣ができて、小沢は四七歳で幹事長になる。

▼小沢は安倍をどう見ていたか?

佐高　しつこく言葉にこだわるけど、小沢の迫力というのは東北弁から来ている面もあって、あまり口数が多くない。そこから迫力が生まれているんだよね。

早野　そういうものかな。

佐高　金丸なんかもそうだったでしょう。ほとんどしゃべらない。

早野　いや、そんなこともないんだ。しゃべるときは楽しんでしゃべるけれども、しゃべるスピードが緩いのと、能弁ではないというだけで。あの風貌から滲《にじ》み出るような言葉を語るわけだ。

佐高　勝負の場面では言葉が少ないでしょう？

早野　それはそうかもしれない。金丸という人は、解説したり説明したり、そういう言葉は持ち合わせていない。結論だけ言う。それでわかれ、それが政治だ、と。

佐高　だから小沢の迫力も、言葉少なだったから何を考えているかわからないところもあると思う。安倍をはじめ皆ぺらぺらしゃべる時代ですから。

早野　たしかに、政治といえばしゃべる時代だよな。

逆に、政治といえばしゃべらない、それが小沢の極意だったというのも、わからないではない。

佐高　私が最初に小沢にインタビューしたときに、安倍の話をしたんだよ。

早野　いつのインタビューですか？

佐高　「週刊現代」で二〇〇四年にやったんです。小泉が自民党幹事長に安倍晋三を持ってきた。「小沢さんが安倍さんと同じ立場だったら、幹事長を引き受けますか」と私は訊いたんです。そうしたら「私なら断るね」と言った。「小泉さんのいままでしてきたことを見れば、誰だって断るよ。『斬り捨て御免』と後ろから人を斬って、そして平気の平左という人ですからね」と。私が、「安倍さんはあまり真面目に考えるタイプじゃなかったから、引き受けたんじゃないですか」と訊くと、「そこは、まだ彼は純情だからね」と小沢は安倍を評した。「総理の命令だし、幹事長の本当のしんどさを知らないからでしょう」と。さらにこうも言った。「私は晋三くんより二歳若い四十七歳で幹事長になりましたが、若いといっても、当選八期目でしたからね」。安倍はまだ当時は三回目くらいだったんだ。

早野 いま改めて聞いて、さしたる発見があるような話でもないね。

佐高 まあ、そう言わないで。

▼角栄という師を持つがゆえの思慮

佐高 話はここからなんだ。小沢は幹事長就任を断って、金丸に「この馬鹿野郎」と怒られた。総理をやれと言われても断った。そうしたら「渡部恒三なんて三日でもいいからやりたいと言っているのに、なんでお前は断るんだ」と言われる。意外だけど、小沢には遠慮深さがあるんだと思う。そういうふうには見えないけれど。

早野　あれは遠慮深いということなのかな？

佐高　違うのかな。

早野　そういう感じもあることはある。しかしあれはむしろ自信のなさかな。と言うか、小沢は角栄を見てきているから、ある強さというか、人を率いて裁いて、ときには切ってということができるのかどうかを自らに問うところがあったのではないだろうか。

小沢は理論派でもあるから、そうした動物的な政治にはためらうところもあったんじゃないか。

佐高　うん。師匠を意識するとき、師匠が大きすぎる場合は良し悪しですよね。角栄という人を意識すると、自分は引いてしまうわね。

早野　とはいえ、小沢は自民党をぶったぎって、新生党、新進党をつくってもいる。ためらった末かどうかはわからないけれど、政治行動は強烈に出るわけです。

何と言っても小沢の始動は宮澤内閣不信任案の一九九三年。この年の一二月に角栄は死んでいるんだけれども、その前の夏に宮澤内閣不信任案が出され、これに羽田・小沢は賛成してしまう。それで不信任案が可決、七月に選挙となった。そして新党さきがけを武村正義や田中秀征がつくり、新生党を小沢がつくり、八月に細川護熙政権が成立。これだな。このときの小沢一郎という男の腹の決め方、これによって細川政権ができて、初めて自民党の一党支配が覆ったわけです。

佐高　やはり、角栄の死というのが小沢の決断の背後にありますよね。

早野　いや、自民党がひっくり返った後に角栄は死んでいる。

佐高　でもその前に角栄は倒れていた。だから小沢は、角栄の影をどこかで切ったんじゃないか。

早野　そうだな。角栄は一九八五（昭和六〇）年に脳梗塞で倒れている。僕はその二、三日前に会ってるんだけど、その後は眞紀子さんが病院および自宅で角栄を看続《みつづ》けていた。角栄とどう離れていくのか、これは小沢の心理の中でいろいろ葛藤があっただろうな。

▼角栄の野党精神に幻惑されたのか？

早野　一九九三年八月に細川護熙内閣が発足し、新生党を小沢・羽田が支えるという戦後日本の政治史の中でも輝かしい場面だね。一瞬だったけど。角栄なき政治をどうつくるのかということは、小沢の中に常に思いめぐらせるところがあり、そして細川政権に繋がっていったとは言えるだろう。

佐高　角栄と小沢の関係について早野さんから聞いていていて思い出すのは、私が「ドキュメント師弟」というシリーズで取材したときに、加藤紘一が大平について、「私がどうがんばっても、将来、大平さんに追いつかないだろうなと思うのは、あの強さですね」と言ったことです。一九七九（昭和五四）年に、自民党史上最大の派閥抗争が起こる。福田赳夫と大平が自民党を二分した四〇日抗争です。あのとき大平は首相でありながら、フライパンの上の猫みたいな立場を四〇日続けるんだよね。じっと腕を組んで状況に耐える。それを見て加藤は、自分にはああいう強さはないと言っていた。

　師を受け継ぐ部分と、自分でつくっていく部分というのは、政治においても興味深いテーマですよね。

早野　福田がチャレンジしたわけだけど、大平は四〇日抗争で総理大臣の座を守り抜く。でも翌年には大平内閣不信任案が可決されてしまう。

佐高　それで、選挙が始まってしばらくして大平は死ぬ。

早野　これは衆参ダブル選挙だったから自民党が圧勝して、その後、大平派の鈴木善幸が総理大臣になる。鈴木善幸という、まったく特別でない人が総理大臣になるというのは、あの凄まじい確執の後に生じたオアシスみたいなものだった。

佐高　しかし、鈴木善幸は日本社会党から出発しているわけです。宇都宮徳馬は学生運動で警察に捕まっている。そういう人たちが自民党にいて、活躍できた時代があった。いまの自民党はそういう外れた所からの政治家の供給源はまったくないと思う。異質な存在を受け入れないからね。

早野　まるきり安倍一強になってしまっている。

佐高　角栄に感じるのは、総理になってからもどこか野党精神を持っていたのではないかということです。

早野　それは持ち続けていたと思うよ。

▼小沢は永遠に面白い

佐高　小沢は、角栄の野党精神に幻惑され続けて、それをずっと引きずったような気もする。

早野　なるほど、それはあるかもしれない。

佐高　いまは、それが良いほうに作用して、ストレートに野党結集を呼びかけている。

早野　しかしいま小沢は自由党で、得票率なんかを見ていても、ずいぶん後ろのほうに出てくる。小沢一郎の運命にはやはり若干の悲しさがありますよ。

　僕らは小沢一郎の挑戦を、いつも日本の政治に対する重要な問題提起だと思って、それはやはり高く評価していたわけです。そうしてさまざまな事態が起こり、小沢が政権の側で権力を動かしていた時期も少なからずあった。いまは自由党という小さな政党のそれでも党首でいて、野党結集を唱えてもいるわけだが、政治家の運命というのはこういうことなのかなという思いもあるな。

佐高　運命ということで言えば、小泉と小沢を対比するとよりはっきりする。同じ年齢で同じ年に慶應を出ているわけだ。二七歳で小沢は議員になったけど、当時の小沢からすると、小泉なんて褌担《ふんどしかつ》ぎですからね。小沢から見ると小泉なんて有象無象のひとりにしか見えなかったはずでしょう。それが大逆転して、小泉のほうが首相になってしまう。

ただ、民権派としての小沢の存在感を私は目の当たりにしたことがあります。安保法制反対の国会前の集会で、野党として小沢が来てしゃべった。政治は数でいくから、自分の弟分だった民主党の岡田克也がまず最初にしゃべる。共産党の志位がしゃべる。それで社民党の吉田忠智がしゃべる。岡田よりも何番目も後のほうで、小沢はマイクを握り、一生懸命演説するわけですよ。自己卑下するでも衒《てら》うでもなく、小沢は力を込めて話していた。私は小沢は立派だと思ったし、ある種の凄みを感じもしましたね。

早野　僕もさっきはやや逆説的に「悲しさ」ということを強調したけど、その悲しさをも含めて、だからこそ小沢は永遠に面白いんだ。

小沢は『山猫』というイタリア映画が好きだったんだよね。

佐高　ルキノ・ヴィスコンティが没落貴族を描いた作品ね。

早野　民主党の代表選の演説であの映画から、「変わらずに生き残るためには、変わらなければならない」なんてセリフを引用したりもしていましたね。

小沢の政治への挑戦というのは、単なる二世議員の立身出世では無論ない。最後は総理大臣になりたいという野心でもない。何なんだろうね、小沢の中にある情念みたいなものは。

佐高　ひとつは東北の怨念ですよ。

早野　またその話か。

▼小沢と志位の連携の深層

佐高　まあ、それと親分の角栄が、最期にはああいう見たくないような姿になって、執念で復権を目指していた。そういう姿も頭の中にあったんじゃないか。

早野　角栄のロッキード裁判には、小沢は毎回通って傍聴したというからね。思いつめたら一〇〇年目というところがあるのかもしれない。

佐高　怨念というのは消えないから怨念なのであって、簡単に消えたらそんなのは怨念じゃない。

早野　いま自由党という小さい城に立てこもっている小沢を、どう思いますか？

佐高　共産党の志位と小沢は、いまいちばん話が合うと言われていますよね。実際そうだと思うんです。それは私なりに解釈すると、共産党はやはりまだ白眼視される存在でしょう。偏見に耐えて頑張っているところがある。小沢はそこに反応しているんじゃないか、と。

早野　自分たちこそ正しいという信念がなければ、偏見には耐えられない。歴史が認めるはずだという思いがあるはずです。

佐高　そう。小沢は信条においては、というか信条の持ち方においては共産党に似ているんじゃないか。

早野　なるほどと思わせる理解だ。

佐高　だから志位と小沢は合うんだと思う。

早野　ただ、小沢の中には共産的なものには収まらない、もうひとつ何か屈折した怨念がある気がする。共産党という政党には怨念がないだろう。

佐高　志位にはないかもしれないね。

早野　だって極めて正統で正しい政党だから。

佐高　いや、もともと共産党には労働者の怨念を晴らすという性格もあったはずだけど。

早野　でもいまは自己確信があるから怨念みたいなかたちにはならないでしょう。ところが小沢は保守政治の中から出てきているから、さまざまな政治的感情を行き来していくうちに、権力欲もあるし出世欲もあるし、そこから外れてしまった惨めな思いもあわせ持っている。だから小沢には、そういう万感こもごもから汲み上げた、政治への恨みもあるのかもしれないよね。政治という営みをそのまま肯定できないところが。

佐高　それは面白い。これまた深い小沢論ですね。

▼角栄政治の革命的な部分

佐高　そもそも小沢は親父の跡を継ぎたくないという思いもあったかもしれない。親父に対する反発もあるし。それを半生にわたって引きずっているのでは、とも思う。

早野　いずれにしても、否定的な感情が小沢のエネルギーに転換されたことは間違いないと思う。

小沢は、共産党の革命思想よりももっと激しく日本政治を転覆してやろうと思った。強力に革命したいという一念があったと思うな。角栄の政治の中には、そういう革命的な部分があるんだよ。何度も言うけど、新潟の越山会はもともと戦前は地主に抵抗した農民運動のエネルギーを相当強く引き継いでいるからね。田中派は、権力を専横して日本政治を誤らしめたというふうに言えなくもないが、その情念の泥の中から出てくる激しい変革への欲望だな。それを体現しているところがあって、小沢のような理屈屋の中にもそのマグマは受け継がれている。それが屈折として見えるんじゃないだろうか。あのゆっくりと首を振りながらしゃべる話し方、立ち止まり方。

佐高　小沢という、生ぐさい現実政治の突端に、革命思想が渦巻いていると思うと、小沢の不可思議な魅力がちょっと見えたような気になります。

それと、屈折と同時に、あれだけの経歴でありながら、小沢にはどこか初々しさも残っているんだよね。含羞のようなね。

早野　それはある。そのあたりの佐高信の感性はいいね。

佐高　私も含羞があるから（笑）。

小沢のところも女系家族なんだよね。小沢は一度、「どの女と一緒に寝ようがいいじゃないか」（「朝日新聞」一九九四年四月二六日付）と言ったそうだけど、でも意外と女性大事派だよね。土井たか子とも悪くなかった。

早野　一九六九（昭和四四）年の同期当選ですね。土井さんは小沢を買っていたよ。

佐高　民権派というのは野党精神と言ってもいいが、土井さんにも繋がる側面を小沢は持っているんですよね。

早野　いいところを突くね。それはたしかにあっただろう。僕が土井さんのところに通っているころ、「昨日、小沢さんと飲んだのよ」なんて言ってたからね。

佐高　逆に言うと、自民党の中のドロドロしたところにありながら、土井さんなんかと会ってるほうが小沢は楽しかったのかもしれない。

▼小沢は死んでも死にきれない

早野　角栄にしろ土井たか子にしろ、政治というものを自分の中に突き抜けたものとして持っていたんだ。小沢はそういうありようを間近に見て、俺は何なんだと思い続けていたんじゃないか。それがまずは政治改革というところに凝縮していくわけだ。

佐高　さらに郷里の話をすると、小沢は原敬《たかし》をすごく尊敬している。原敬は、日本の立憲政治を壊すのは軍部と検察だと言っているんです。軍部は一応は戦後になくなったとして、検察が民主主義をおかしくするというのは小沢の頭の中に残ったと思う。小沢には官僚政治に対する強烈な反発がある。

この間、平野貞夫と電話でしゃべったんだけど、平野貞夫が役人に「お前に恨みがある」と言われたんですって。何だと思ったら、小沢が政府委員の廃止というのを国会でやったでしょう。それは官僚にとっては自分の力を削《そ》ぐものですよね。それで、「あれは小沢よりもお前が考えたんだろう」と言われたと平野さんが言っていた。政府委員の廃止なんて、なかなか言えないことを小沢は実行したんだ。

早野　そういう意味で言うと、小沢はものすごく原理主義だよね。その後、小沢が望むような状況がつくれないまま、いまはまた官僚支配が貫徹しているし、安倍一強というのは、政治家は安倍だけでいい、あとは官僚が仕切る、という政治でもある。本来政治というのは多元的な価値の相克が大事なのに、いまはそんなものは不必要とされてしまっている。

佐高　小沢一郎というのは政治というものの扱いを根本的に変えようとしたところがあったんじゃないか。

早野　国権派から民権派に転向したという、僕はそういう認識だったけど、日本には数少ない革命派でもあったということですね。しかし小沢は死んでも死にきれない思いだろうな。何ひとつ革命できていなくて、全部元に戻っちゃって、こんな反動的な政権が続いているんだから。

第六章　民とは誰か？

▼丸山眞男「ある自由主義者への手紙」の射程

佐高　丸山眞男の「ある自由主義者への手紙」を再読していたら、全体主義と個人主義という問題提起がある。「個」という認識が前面に出てくるんです。それは「超国家主義の論理と心理」でもそうだったけれど、「全体主義と個人主義」という対立軸が、「国権と民権」という対立軸とは少し位相がずれたかたちで示されるんですね。

早野　国権対民権だけじゃなくて、全体主義対個人主義という見方で、民主主義を捉えていくわけですね。

佐高　「ある自由主義者への手紙」は、まさにリベラルという立場を打ち出したんだろうけれど、自由主義というのは個が体現する価値でもありますよね。

早野　個人の自由が出発点だということから近代思想は出立したわけですから。人類は竪穴式《たてあなしき》住居に住んでいたころから集団で生きてきた。その集団の大きさが、自分の家族だったり、村だったり、少しずつ広がっていったわけですけど、いずれの時代も共同体と個の複雑な緊張関係というのがあり続けてきた。

ところが、国家というものができると、それは肥大して非常に強いものになり、とうとう超国家主義なんて呼ばれる現実としてあらわれるようになる。こうなると、個人が国家の中に完全に埋め込まれてしまう。個人がなくなれば個人の自由なんてものはありえないわけです。

佐高 だから「超国家主義の論理と心理」は、国家が個人の内面まで入り込んでくる時代には、それを押し戻すことからしか民主主義は始まらないということで書かれるわけでしょう。

早野 丸山先生は戦後民主主義というものの理念をつくり出したひとりと言っていいと思うけれど、彼は「超国家主義の論理と心理」を書いてファシズムを分析する。そして、「ある自由主義者への手紙」で、民主主義の根底にあるのは個人の自由なんだという原点を訴え、いわばそれらをワンセットで我が国の民衆に知らしめたんじゃないだろうか。それまでの日本の、国家＝政府＝軍隊、そしてそこに付き従う人々という構図は、民主主義ではありえない、と。

佐高 ヨーロッパの場合、国権的なものには宗教が大きく介在していて、教会権力という問題も大きくある。日本では国権が神道を利用する。その変形が教育勅語や道徳主義でしょう。そういう癒着、またそういう強制力を撥《は》ね除《の》けるところから戦後民主主義的な民権派は出発したはずなんだけれども、それをまた国権的な統合に戻そうという動きがあるというか、いまは国権的な統合に戻されてしまっている。

▼近代的な個を主張できる政治

早野　日本の歴史の中で、個の大切さというのがどれくらい自覚的に摑み取られてきたか。無論、明治期に福沢諭吉がいたり、大正期に吉野作造がいたりして、個人の自由の重要性を訴える先駆的な人もいた。しかし、大衆レベルで言うと、隣近所や村落共同体の付き合いに縛られたり、隣組の親父さんの指揮命令の下に防火訓練をやったり、空襲に備えて走り回ったりしてきたわけだから、個の発見というのはやはり戦後民主主義によって、それも皮肉なことにアメリカ軍の占領と共に、日本人は目の当たりにしたと言えるだろう。だから戦後にあっても、どうも本当には自分たちのものとして身についていないところがある。

佐高　そういう意味では、加藤紘一が民主主義と封建主義の間で呻吟したことは、実は日本人全体の問題だったのかもしれないね。

早野　僕は加藤の話をしたときには、地方の封建主義と都会の民主主義という二分法で語ってしまったけれど、言われてみると本質的には、我々自身がその二重性を抱え続けているわけだな。

一方で、国権的な統合に対して反体制であるべき労働組合とか日教組とかも、本当の意味で個なのかというと、やはりそれも集団パワーだったりする。戦後の日本社会の中で、どうやって民主主義の真髄を摑み取るか、それは明らかに僕ら一人ひとりの、また僕ら全体の大きな課題だった。

佐高　いま早野さんが言われた隣組や村なんかを背景にして、そういう領域を大事にするところからほとんどの国会議員は誕生してきている。だから、そこと切れた、近代的な個であることを主張できる議員というのはなかなかいないわけだよね。

早野　僕は政治記者になって、角栄が総理大臣のころ、「戦後民主主義だの個人だの言ったって、皆で突き進むしかないんだよ」という自民党政治にそれなりに吸引力を感じた。

また時代もたしかに明るかった。けれども、じゃあそれが近代的な民主主義かということになると、その本質を摑み取っているという手ごたえはなかったんだ。

しかし角栄政治の対極で、当時、土井たか子という人がいた。僕は彼女は近代的な個の体現者だったと思うんだ。

土井さん、佐高さんは親しかったでしょう?

佐高　まあ、あなたの次くらいじゃないの。親しさ合戦をしてもしょうがない。

早野　だって、土井たか子と佐高信の共著『護憲派の一分』（角川書店、二〇〇七年）という本があるじゃない。これはなかなかいい本だよ。

土井たか子さんは社会党委員長にもなったわけだが、「だめなものはだめ」というきっぱりとした政治への態度、それから「山が動いた」という時代を摑み取るセンスを持っていた。そして何人もの土井チルドレンを輩出して、市民参加型の政治を生み出した。

ほんの一瞬だったけど、個人の大切さや、それをお互いに慈しんで世の中をつくっていくという思想が、旧来型の自民党政治に勝ったわけだよね、土井たか子リーダーのもとで。

▼土井たか子と市民主義

佐高　大事だと思うのは、土井たか子登場の意味です。一九四五（昭和二〇）年までは女性には参政権がなかったわけだよね。つまり女性は個ではなかった。いや、個として認められなかった、と言うべきか。

早野　考えてみればまったくひどい時代を、この日本の近代史は持っていたんだね。だって皆、女性から生まれてくるわけでしょう。それが個人として認められていないなんて、いまからすると信じがたい話だ。

佐高　政治的な意味では戦後も、女性は基本的に個人ではなかった。そこに土井たか子が、女性を代表して登場してくるわけでしょう。

早野　そういうことになるね。

佐高　戦後民主主義において、国家と個人という対立軸を考える場合、敗戦まで女性は個人とみなされていなかったということを考え直す必要がある。そして、そういう立場に置かれた女性が、ほかならぬ戦後民主主義を切り拓いていったということね。これは、丸山眞男ですら捉えることができなかった、民主主義の本当の革命ですよ。

それともうひとつ、早野さんもちょっと触れたけど、土井たか子という人は、労組支援というよりは、市民派の流れから出てくる。そこもまた新しさだったでしょう。

早野　市民派の登場というのはいつごろからかな。公害問題などによって民衆の生活が脅かされている中で、市民という思想が語られるようになるわけですよね。

佐高　六〇年安保反対闘争の中で、「声なき声の会」など、労組によらない集まりがつくられるでしょう。あのあたりからなんです。久野収《くのおさむ》先生が「思想の科学」の六〇年七月号に「市民主義の成立」という論文を書く。これが市民というものを政治思想上に位置づけたと言われている。

早野　そうか、久野さんが理論づけたのか。

佐高　久野先生が言っていたけれども、市民というのは消えていく泡のようなものだと。泡のように出てきて、泡のように消えていく。組織されていないからですね。だから政党からは不安定で、いかがわしい存在と見られてしまっていた。

早野　最初はそうだったんだな。

佐高　でも時代は徐々に、まさに個人の意思表示としての市民というものを大事にしなければ、現代の政治は変わっていかないという認識になっていく。

早野　そうすると、市民主義というものが日本政治の中で明確な存在感を持ったのは、六〇年安保以後、それから一九六八年の大学紛争、そのくらいの世代からということですね。

俺たちお前たち、そのへんで生活している普通の人間の立脚点、それが民主主義の基盤であるべきではないのか、と。

▼辻元、保坂……市民を代表する新しい政治家

早野　そこで政治の世界にそれを体現してあらわれたのが土井たか子であり、その後の土井チルドレンなんだ。辻元清美、保坂展人、中川智子……。

佐高　そう。保坂はいま（二〇一七年九月現在）は世田谷区長、中川智子は宝塚市長ですね。

早野　辻元清美は立憲民主党の国会対策委員長。いまでは役職がついているけど、最初に登場したころはまさにそのへんのお兄ちゃんやお姉ちゃんという感じだった。その彼らが、土井たか子という人の政治行動に魅せられて、周辺に近づいてきたわけだ。

辻元清美はピースボートというグループの運動をやっていた。ピースボートというのは

既成の運動ではなくて、ともかく世界を見てみよう、と。平和ということを新しく考えよう、と。

辻元の発想の根源には小田実《まこと》の『何でも見てやろう』（河出書房新社、一九六一年）がある。辻元は小田実の門を叩くんだよね。それで私もやってみようと思い立つ。

佐高　市民主義を唱えた久野先生が既成の左派から批判されたのは、市民というのは革命など目指さない、そのときそのときで集まる烏合《うごう》の衆だ、ということもありました。しかし革命を目指すわけでなくても、市民は民主主義の重要な要素であり、革命政党の党員じゃなくても、市民が政治に参加することが民主主義にとって大事なんだという観点が出てくる。

それ以降に、具体的に、それまでの政治家の供給源としてはまったくわけのわからない領域から、辻元たちが出てくるわけです。

早野　それまでは、自民党は自民党なりに地元という住民組織体から出てくるわけだけど、それに対する革新の社会党系、これはほとんど皆、組合から出てきたわけだな。では、地元のおじさんの町内会や村の寄り合い、そうでなければ労働組合しか日本の政治を語る者、代表する者はいないのか。そうじゃないよ、僕たちは会社に行って仕事をし、日曜になればスポーツジムに行ってみたり、そうやってごく普通に暮らしているだけだけど、僕たち市民も、市民としての声を上げよう、と。いわば生活のいちばんの基盤のところにある存在が、それまでは代表されていなかった。

辻元、保坂、中川という三人が出てきたときは、面白かったね。土井さんにまとわりつきながら現実政治を学んでいく一方で、辻元なんかは平気で自民党の政治家とも付き合うんだからな。

佐高　村上正邦の所に行ったり、ＹＫＫの所に出かけていったり。

▼肌で実感し、垣根を越える

早野　それで加藤紘一なんかは「おお、新鮮な魅力のある子が出てきたな」と。拓さんなんかも国権派みたいなところもあるんだけど、辻元清美と議論すると「面白いな」と。この三羽がらすの新しい民権派は、日本政治のエキスを汲み取りながら、実は日本の政治を大きく変えていったわけだよね。

佐高　変えていった。自由民権運動の発掘者でもある色川大吉が「自由民権運動の地下水を汲むもの」という論文を書いているんだけど、彼らはまさに歴史的な流れを汲み取りつつ、現代の民権派の新たな水脈を生み出していった。

早野　そういうことだ。

佐高　中川智子は、野中広務の所なんかにも平気で飛び込んでいって、「野中さん、難しいこと言ってないで何か一緒にやろうよ」なんて言うわけです。

早野　あの時代の彼らの魅力的な蠢《うごめ》きを、もっともっと具体的に紹介したいんだけど、年のせいかだいぶ忘れてしまった。

佐高　いや、彼ら自身もあまり意識しないままに、とにかく動いていたんだと思います。小田実の『何でも見てやろう』がそうでしょう。小田はアメリカで黒人差別を肌で実感する。理論で動くんじゃない。アメリカンデモクラシーの、もちろん汲むべきところと、そうではないところを、小田は体験的に見出していくんです。

辻元は自民党本部に勝手に出かけていって、お腹《なか》が空いたからと言って食堂に入って定食を食ってきたりするわけです。そういうふうに既成の垣根を越えていく人たちだよね。

早野　越えようとする意識がなくても存在自体で越えちゃっているんだな。これは新しかったよ。

そしてこの時代はテレビの時代ですよ。あなたとは険悪な関係かもしれないけれど、田原総一朗が「朝まで生テレビ！」とかに彼らを面白がって引っ張り出してくる。

佐高　いや、田原さんとはいまは良好な関係です。論争しながら親しくする作法を学びました。「朝生」に辻元なんかを出した田原さんの着眼はたしかに早かったと思う。

早野　僕は新聞記者だから、土井さんの部屋に出入りしているうちに彼女たちを面白いなと思うようになったんだけど、普通の人はテレビを通じて「こんな政治家もいるのか」と感じながら、それぞれの視聴者の意識が変わり、そして永田町も変わっていったわけだね。

佐高　もう少し、土井さんの話をしておくと、土井さんという人はもともと皇国少女であって、戦後、大本営の情報がいかに嘘ばかりであったかを知り、かつての自分の姿を違うというふうに思っていく。憲法九条と平和主義を深く学び、政治の世界に入るわけです。

▼民主主義は支配と抵抗の組み合わせ

佐高　ところが、国権と民権といっても、区分けがはっきりしない領域がある。むしろそういう部分のほうが大きいと言ってもいい。また男の政治の世界の力学が、区分けをはっきりさせないように隠蔽する面もある。

そのとき、土井さんは女性議員だから、ものすごくはっきり見えるんです。

早野　「はっきり見える」とは？

佐高　差別を受けているから、何が国権で、何が本当の民権かがよく見える。だいたい国会には女性用の便所がなかったというじゃないですか。

早野　最初のころは女がいなかったからな。

佐高　土井さんにとっては、ごまかしようがなく、権力をふるう側と、弱い立場に置かれた側とがはっきりしていたんだと思う。

早野　おっしゃるとおりだ。

佐高　土井たか子って、何かかっこよかったですよね。背も高いし。

早野　声も堂々としていてね。総理大臣をやってもらいたかった。衆議院議長にはなったけれどね。

佐高　土井さんの同志社大学の恩師は田畑忍という憲法の先生です。田畑さんの考え方は、抵抗権なんだよ。民主主義を成り立たせる抵抗権という考え方。女性なんかは永久抵抗になるわな、この差別的な社会に対して。

早野　政治というのはいわば govern するものだから、僕らがそれを見るときも、支配するほうにどうしても偏りがちなんだ。でも、そこで絶対に必須な要素として、抵抗という部分が組み合わさっていないと、これは独裁権力になり唯我独尊になってしまうわけだな。民主主義は支配と抵抗の組み合わせによって形成されるということだ。

そういう意味では、土井さんがいなければ、中曽根、竹下という自民党が爛熟《らんじゅく》してきた時代、あのころは下手すると一直線に戦前に戻りかねない状況だったかもしれない。そしていまの安倍晋三は、明確にそういう資質を持って好きなように戦前回帰的な政治をやっている。

戦後民主主義というものの体感、肉感、これは土井たか子があの時代に民衆に注ぎ込んだ面がある。土井さんの存在によって、日本は民主主義を維持していく備えができたとも言えるかもしれないね。

佐高　いまあなたが言ったように、抵抗と支配の組み合わせが民主主義であるなら、抵抗がなければ国権も腐る。民権がちゃんと主張しなければ国権はより反動化するということでしょう。

▼国権が民権を蹂躙《じゅうりん》した

早野　話はちょっと変わるけれど、土井たか子と佐高信の対談の中で、佐高さんが紹介しているひとつの事件がある。

一九七七（昭和五二）年九月、厚木基地を飛びたって母艦ミッドウェイに向かおうとしていた米軍ジェット機ファントムが故障して墜落する。そして、それは横浜の住宅地に墜落して、林和枝さんという二六歳のお母さんと三歳と一歳の子どもが大けがをした。子どもたちは翌日亡くなり、お母さんもこの事故がもとで四年後に亡くなってしまう。痛ましさに胸がうずくんだけれども、いまも沖縄のあちこちでアメリカ軍の飛行機が墜《お》ちているでしょう。こういう事故を僕たちは、下手すると「困ったものだな」ということだけで済ませてしまいそうだけど、佐高さんが言うように、ひとつの家族の上に米軍機が墜ちてしまうと、どんなことになるか、僕たちは真剣に考えなければいけないね。

佐高　この母子をモデルとしたブロンズ像が、横浜の港の見える丘公園にあるんです。像が設置されたのは一九八五年なんですが、当時は米軍のジェット機が墜ちたとか経緯を説明する碑文などが一切なかった。事故当時の横浜市長は飛鳥田一雄《あすかたいちお》でしたが、彼はその年の一二月に社会党の委員長になり、翌年三月に市長を辞任して横浜市を去ってしまう。その後の市長が待ったをかけた。米軍に遠慮したんだと思います。説明の碑文が設置されたのは母子像の設置から二一年後、二〇〇六年のことです。

早野　母子像はあるけれども、それがどういう像なのかがわからない、米軍機が墜ちて亡くなったんだということが隠されていたわけですね。

佐高　軍によって国民の命を守ると言いながら、その国民の命を守るための軍隊、それも他国の軍隊が我々の命を奪っている。つまり国権というもの、さらに国家というものの欺《ぎ》瞞性《まんせい》にまで問題は発展するわけです。

早野　なぜこういうことが起こったのか。愛の母子像の碑文の大事な部分を書かせないというこ との原因として、日米安保条約というものがあらわれてくるわけだね。そして、ここは自民党が踏み込めなかった地点だな。

佐高　そう。まさに国権が民権を蹂躙した象徴的な例であり、日米の国権が関与しているために、戦後の自民党政治ではこの問題に対峙できなかったんです。

早野　そうすると、あの時代の土井さんに代表される社会党の存在は、我が戦後民主主義にとってかくべからざる結節点だったのかもしれない。政治行動は野暮ったいし、失敗も多かった。そして結局は歴史の中に消えてしまったわけだが、しかしやはり我々は心して社会党が体現したものについての記憶を呼び起こさないといけないな。

佐高　そして、社会党の組合的でない部分を、いまこそ見直す必要があります。いまの政治情況を見ると、希望の党と民進党の合流話のときに、そこに連合会長が同席するという構図でしょう。しかし、保坂、辻元というのは組合でないところから出てきた人たちです。飛鳥田は弁護士出身だし、いまの枝野も弁護士出身ですよね。民権側が、そういう部分をあまり育ててこなかったことが問題なんです。

一方、自民党は自民党で官僚と二世にほとんど占領されてしまった。

早野　まったくそのとおりだね。

▼学歴社会に挑戦状を突きつけて登場

佐高　すると政治家の供給場所、生まれ育ってくる場の問題が、いまでも重要なんです。

早野　保坂はどういう経緯で出てきたんでしたっけ？

佐高　保坂は麴町中学の内申書裁判から出てくるわけです。学生運動に関わっていたということで、内申書にある意味で「バツ」をつけられるわけでしょう。このことで、個の内面の自由が侵害されたと、学歴社会、管理社会に挑戦状を突きつけて登場するわけだよ。

早野　そうだ。そのまま全日制高校には進学できなかったんだろう。

佐高　そう。面接で思想関係のことばかり問われて、すべて落ちている。新宿高校の定時制に入ったけれど中退して、内申書裁判を起こす。その後は教育問題に関わって、「土井たか子を支える会」の事務局長として登場する。

早野　保坂は当時から高校生みたいにナイーブな感じがあったね。土井さんのファンという印象で、土井さんから市民政治を学び取って、世田谷区長になる。

辻元清美は、政治的にもうちょっとしたたかな感じがしたね。

中川智子はどこから出てきたんだっけ？

佐高 彼女は市民運動と阪神・淡路大震災のボランティアからですね。私はこの間（二〇一七年四月）、宝塚市長選の応援に行って、コンニャクもらってきましたよ。

早野 彼女は無事に市長をやってるの？

佐高 三期目をやっている。

早野 それは大したものだね。

佐高 国立市長だった上原公子《ひろこ》が二人羽織みたいについていて、無事務まっているようです。それはある意味で、市民の連携ですね。

上原公子の国立市長選のときは、当時の民主党と共産党が共に応援した。私は応援に行って驚きました。あのころ、民主党と共産党は絶対に一緒に並ばなかったでしょう。それが上原の応援では並んでいた。地方のリーダーが、野党共闘を先取りしていた。

早野 上原さんという人は吸引力を持っている人だからね。

佐高　そう。上原が国立市長のとき、マンション建設問題で、明和地所から営業妨害などで訴えられた。明和地所との間では半分示談みたいな感じで収まった。かたちとしては市が損害賠償として約三一〇〇万円を払い、同額を明和地所が市に寄付した。それで決着したはずなのに、上原の後の後、保守市長に戻ったんです。

早野　政治的にはそういうことがあるからね。

▼薬害エイズ問題から頭角をあらわした枝野幸男

佐高　この保守市長が、上原個人に損害賠償を請求してきたわけですよ。裁判で上原個人に三一〇〇万請求した。最高裁までいって上原が負けてしまうんだ。

早野　そういう経緯があったのか。

佐高　それで我々市民の会が叩き返そう、と。「私も上原公子」という運動が国立市民を中心にして起こり、私も応援して、ついこの間（二〇一七年一一月）、五〇〇〇万近く集まって完済したんですよ。

早野　最高裁判決だから、これは従わざるをえないですからね。だけど叩き返したわけだ。

これも市民の結集だね。

佐高　だから市民の力というのは侮れないものがあって、向こうは完全に上原個人への嫌がらせで責任を問うたわけでしょう。しかしそれに対して市民の連合が叩き返した。

早野　民権の行き着く先も、市民の力によって波風あり、浮き沈みありというわけだよな。土井さんは亡くなったけど、まだそれぞれのポジションで市民という民権派が粘り強く頑張っている。

佐高　国家というのは、集団主義を主張しながら、一方で自己責任というのをやたらと言うでしょう。上原は市長としての決断を下しているわけなのに、上原個人の責任を問うてくる。国権は、個人をつまみ食いするんだ。自分たちの都合のいいときと悪いときで、使い分けている。

早野　そこは厳しくおさえておく必要があるな。

それで、土井さんの系譜はいま、どう生き残っているのかな。

佐高　土井さんは田中秀征とも近かった。半分こじつけのように思うかもしれないけど、枝野幸男という人は秀征の弟子に当たるんだよね。日本新党と新党さきがけはほとんど一緒になるでしょう。

早野　土井さんの系譜がいまは枝野幸男に繋がっているわけか。たしかに彼はその流れを汲み取っている。枝野はパワーがあるからね。立憲民主党をつくって、そして大きくするところに繋がっていると言うべきだな。

佐高　あなたの『政治家の本棚』によれば、枝野は司馬遼太郎をほとんど全部読んでいる、と。大村益次郎を描いた『花神』がすごくいいと言っているね。

枝野は薬害エイズ問題に取り組む中で菅直人との出会いがあり、そこで政治というものの力を摑んだようですね。あれは市民の力を示した重要な運動だった。巨大な官僚と企業の結びつきに対する、市民の抵抗でしたよね。

▼小沢の側からの個人主義

早野　あのとき、菅は橋本政権の厚生大臣だったんだな。あれはやっぱり構造的に大きい事件だったな。

佐高　秀征が言った、国権対民権という図式と、官権対民権という図式。国と官が一緒になって民権を圧迫する。あるいは個人の生活、命を圧迫する。これはいまだに変わってないよね。問題の本質を、薬害エイズ問題という具体的な戦いの中で身につけたというのは、枝野の強みなのかもしれない。

早野　枝野は空理空論じゃなくて具体的な政策実行者タイプだ。それが今度、野党第一党の党首になって、いわば野党全体の発信者になっている。これは安倍にとっては与《くみ》しやすい相手じゃないですよ。

佐高　民権派の継承者をもう少し出すと、立憲民主党に落合貴之という秀征の秘蔵っ子がいるんだよ。まだ四〇前だと思うんだけど。私が唯一、秀征に紹介された人なんです。秀征は普段そういうことをしないんだけど、どうしても会わせたい人がいるから、と。落選しているときだった。一回民主党で当選して、それから落選してしまう。民進党と希望の党の合体騒ぎのとき、まだ立憲民主党ができていない段階で、自分は希望の党には行かないと宣言する。それで立憲民主党に参加して、世田谷で勝つんだ。

　秀征が面白いのは、落合が政治家になりたいと言ったときに、とにかく普通の職業を一回経験しろと言って、落合は三井住友銀行に入る。そして江田憲司に秘書として預けられる。そういう意味では、枝野の脇を固める人間は、山尾志桜里《しおり》などのほかにも、少しずつ育っている。

早野　なるほどな。

土井たか子から辻元清美に至る流れ、その中で生み出された個人の自由を拠り所とする民主主義、それは裏返せば個人の責任ということでもあるんだが、それを角栄の系列から言い出したのが小沢一郎なんだ。

▼戦前の戦争国家との決別

早野　これまでかなり話したけれど、もう一度、小沢を洗い直したい。土井さんと対照させてね。小沢は一九九三年五月に『日本改造計画』（講談社）という本を出す。まさに細川政権がその夏に誕生し、一二月には田中角栄が死んでいくという、政治ドラマとしても大きな節目の時期に。無論これは、田中角栄の『日本列島改造論』（日刊工業新聞社、一九七二年）をイメージして、さらに新しい時代の日本の改造を目指したわけで、やはり巨大なマニフェストだったと言うべきだな。

佐高　小沢が土井さんの流れの裏返しというのはどういう意味？

早野　『日本改造計画』のまえがきには、グランドキャニオンの話が出てくる。グランドキャニオンには大勢の観光客が詰めかける。しかしそこには安全を確保するための柵がない。日本だったら当然、柵があり、「立入厳禁」という立て札が立てられてあるだろうが、これはどういうことだ、と小沢は問う。これは要するに、個人の自由な行動が尊重されているということだ。落ちたら落ちたで自分の責任というわけだ。個人は集団への自己埋没の代償として、生活と安全を集団から保障されてきた、と小沢は日本社会を語っている。集団への自己埋没、そこから日本は抜け出さなくてはいけない。全体の中に自己埋没するのではなくて、グランドキャニオンから柵を取り払い、個人に自己責任の自覚を求める。これが『日本改造計画』の真髄なんだということを言っているわけですね。

もちろんそこから具体的に、政治のリーダーシップ、地方分権、規制の撤廃、そういう改革の内実に議論が繋がっていくわけだけど。小沢の勢力伸長、これは一方で土井たか子のもとで辻元清美ら市民派が日本の政治のありようにチャレンジしたことに対して、いわば権力の側から自己変革をしなくてはならんということを告げたのではなかっただろうか。

角栄は比較的、民権的な権力者ではあったけれど、しかしやはり政治権力の中で時代をつくろうとした。小沢一郎は角栄に育てられて、角栄政治をつぶさに見て、しかし考えるところがあって、角栄政治はこのままでいいのかと問うてきた。そして、いや民主主義の根っこには、もっと個人の自由と個人の自覚、個人の自立と個人の責任がなければいけないというところに、彼はたどり着く。そして『日本改造計画』を書き、彼は自民党を割って新しい政党をつくる。そして細川政権という大きなドラマに繋げていく。

佐高　「集団に埋没しない」というところ、「集団」と書くところが小沢の味噌だよね。つまり、集団を国家に限定していない。それは村落共同体かもしれないし、隣組的な組織かもしれないし、労働組合かもしれないし、政党かもしれない。

早野　そう。もっと普遍的に見ているんだ。

佐高　ある意味でこれは、自己責任という両刃《もろは》の剣的な発想を使って、個人も変え、同時に集団も変えていこうという戦略でしょう。それが小沢流の日本改造計画だった。私は必ずしも共感しないけれど、たぶんその先に、国連第一主義が出てくるんでしょう。

早野　さらに踏み込んで言えば、小沢からすると、これまでの日本の国家というのは、無責任国家だった。個人の自立に支えられた国家ではなく、集団のリーダーが自分勝手につくっていく体制。それが無惨な戦争に突入していった日本の政治の悪弊というものだった。そういう反省がある。だから小沢の『日本改造計画』は、戦後民主主義の浅はかさへの挑戦でもあるけれども、より本質的に言うと、戦前の戦争国家との決別だね。

▼自衛隊と平和思想の止揚

早野　真の民主主義を支える人間の思想のありようとは、どうあるべきなのか。それは、市民としての個の自由また責任だ、というところに小沢はたどり着いた。実はそれはこの時代の共通認識だったんだ。土井さんの側から、辻元以下が市民運動を現実政治へ突出させるというかたちで紡ぎ出したもの、小沢はこれと対面しながら、問題意識を分かち合っている。

佐高　戦後民主主義をめぐって、土井さんのポジと小沢のネガが対峙している、と。

早野　そう。そこには市民的な個人への信頼という共通基盤があるわけだ。でも決定的に違うのは、土井さんは非戦なんだ。再び武器は取らない、手にしない。

でも小沢一郎は「普通の国」を目指す。そこがもうひとつの小沢の持ち味になっていた。戦後民主主義の弱さを突くとき、どうやって国を守っていくのか、という迫り方があるわけだ。やはり軍備が必要だという考え方を小沢は持っている。そこで自衛隊をどう位置づけるか。

ひとつには、九条を改正して、九条の第三項に自衛隊を明記するというのが一案だと言っている。すると、これはいま安倍が言っていることの先駆的なブレインストーミングをやっていたということにもなる。しかし小沢案の独自性はもうひとつのほうにある。それは、九条は変えない、平和安全保障基本法をつくって、海外での紛争の際に日本がどういうふうに関わるのかを定めておく、というものです。

日本が攻められたら守る、これは国家の権利ということになるけれども、集団的自衛権をどう取り扱うのかということが、当時もいまも問題になっている。小沢は、外国で紛争が起きたときに日本がどうするかについて、平和安全保障基本法に基づいて協力体制をつくると言うわけだ。これはどういう範囲かというと、「日本が許される海外における武力活動は、世界の大多数の国々がその権威を認めている国連の旗の下に行われる平和活動のみである。それが日本国憲法の理念であり、わが国が生き残る唯一の道である」と結論づけるんですね。彼は九条第三項ではなく、国連協力ということに『日本改造計画』のひとつの結論を見出している。

改めてこれを紐解《ひもと》いてみて、小沢は厄介なところのある男で、突っ張ったり臍《へそ》を曲げたりするけれど、このときは本当に真剣に考えていたんだなということがわかりました。自民党の側から、民衆的なものの根っこを抱えた田中派の系列から、左翼ではない変革を構想している。自衛隊の存在を認めるということと、戦後の平和思想とをアウフヘーベンしようとしていたのでしょう。褒めすぎかもしれないけれど、まさにいま再読して、そういうことを感じ取った。

▼アメリカの旗の下ではなく、国連の旗の下

佐高　話を聞いていて思うところがあるんだけど、小沢の国家改造計画は、アメリカの旗の下ではない。国連の旗の下だ。それが第一点。これは安倍との明確で大きな違いです。

もうひとつ、直接関係ないかもしれないけれど、小沢の息子は自衛隊に入っているんで

すね。もう辞めたようだけれども、首相や大臣の息子というのは、自衛隊には行かないものです。そういうところも小沢は真剣だということ。

そして三つめ。これはまた東北の話になるんだけど、政府というものは真っ当な者がつくるわけではないということが、小沢は骨身に染みているんだよ。安倍は長州でしょう。なぜそこを強調するかというと……。

早野　また戊辰戦争の話か。東北人の歴史的怨念という一点突破で小沢を語るのは、いい加減やめてほしいんだが。

佐高　いや、もう少しだけ聞いてくださいよ。

奥羽越列藩同盟の敗戦後、官軍から、各藩の責任者は首を差し出すように命じられている。各藩の主立った者が首をはねられたり切腹したりしているわけです。南部藩の場合も、原敬の祖父が一緒に家老をやっていた楢山《ならやま》佐渡という名家老が刎首《ふんしゅ》をされる。全藩の信望を集めていた楢山佐渡が、藩全体の責任を負わされた。そういうことを長州にされた。そういうことをした者たちが明治政府をつくったわけでしょう。だから政府というのは常に真っ当につくられるものではないというのが、小沢のどこかにあるはずです。

早野　なるほど、たしかに面白い視点ではある。

佐高　その楢山佐渡の教えが、原敬を通じて代々伝わってきているんです。だから空想的でもないし抽象的でもない。そういうものが東北人の底流にはある。

早野　何か脈々としたものね。繰り返すけど、僕は小沢はやはり田中派の系譜だと思うんですよ。民衆の中から出てきて、下から権力を奪い取るという系譜のひとつのあらわれとして、小沢一郎の『日本改造計画』を再読した。「普通の国」という思想もそこから生み出されたと思うんだけど、東北という土地の歴史の記憶をたどれば、楢山佐渡の系譜でもあるわけだな。

佐高　小沢に楢山佐渡について振ってみると、飛び上がって喜んで話し出すのではないか。小沢の中にはそういうものが潜んでいると思うんだ。

▼政治は誰を代表しているのか？

早野　やはり政治家というのはいろいろな背景を背負っていればいるほど魅力的だな。

佐高　それが代議制民主主義の奥行きでなければならないわけですよね。政治は誰を代表しているのか、と。

そうするとやはり土井さんという女性の民権派の特殊性に改めて注目しなくては。土井さんは社会党の委員長になるときに、「女を党首にするほど社会党は落ちぶれてないよ」と言われたという。辻元の秘書給与問題にしても、最近の山尾の「不倫」問題にしても、狙い撃ちにされるのは女性なんですよね。

早野 やはりそういうことなのかね。

佐高 繰り返すけど、民権という場合、女性のほうがより敏感に反応すると思う。国権に痛めつけられて、それこそ戦前は普通の人だと認められていない。参政権も何も認められていないところから政治に対する目覚めがあったわけだから。だから民権派における女性の位置づけを、きちんとしておかないといけない。

早野 そうだね。我々は改めて女性の民権派を歴史のなかに刻んでおかなければ。「土井さんも頑張っていたね。辻元も国対委員長なんて、それなりにやってるじゃない」と、これだけではしょうがないものね。

佐高 安倍は、山尾、辻元、福島を徹底的に嫌うじゃない。それは、男ならどこかで話が通じると思っているところがあるんですよ。

早野　国権と民権と分けて、民権の側から語っているつもりでも、男と女というときに旧来の男の見方しかできないのでは、それは真の民権とは言えない、ということだな。

佐高　そういうことだね。民権というときの「民」、あるいは市民主義というときの「市民」とは何かを考える必要がありますね。それは、権利をないがしろにされたさまざまな人たちと出会っていく場であるべきです。私なんかも意識が古いところがあるから、やはり常に意識的に学んでいかなくてはと思っています。

山尾の不倫話なんて、かつての男の政治家だったら、「男の甲斐性《かいしょう》だ」という話になってしまっていたでしょう。

▼女であれば徹頭徹尾、民権

早野　あるいは男だったら、世の中かわしていけば何とか逃れられるだろうという意識だっただろう。男は、突き詰めて腹を決めるという、そういう覚悟がいまだできていないところがある。

佐高　辻元にしろ、山尾にしろ、再選しているよね。

早野　そのしぶとさがすごい。

佐高　あれだけ叩かれても、その根性の据わり方はやはり違うよね。

早野　この世をつくっているのは男と女だからな。そういう出発点に、政治も逆にたどり着きつつある感じもあるね。

佐高　森友問題の明らかな主役のひとりである安倍昭恵と、たとえば辻元でも山尾でもいいけど、対比させる視点。また、山尾対小池百合子的生き方という観点も必要だと思うね。

早野　小池百合子のしたたかさもなかなかのものだと思うけど。

佐高　早野さんはすぐにそういう甘いことを言うからな。

小池は完全に民権を捨てて国権に行ったんだよ。関東大震災で朝鮮人が虐殺されたことに対して、まがりなりにも歴代都知事が追悼の言葉を送っていたのを小池はやめた。これは弱者を踏みつける側に足場を置くという宣言ですよ。

小池は、痛みを理解できる側である「女」を捨てたわけだ。女を捨てて男の道を歩いている。

早野　それが国権ということなのでしょうね。本来、女であれば徹頭徹尾、民権であるはずなんだな。というか、この社会ではそうあらざるをえない。

佐高　そういうことです。

早野　まさに土井さんがそうだったようにね。

佐高「女であれば徹頭徹尾、民権」、これはひとつの結語じゃない。意外な方向に話がいきましたね。

早野　女性論になるとは思わなかったな。オッサンである我々一人ひとりからは絶対に出てこない結論だ。これも、対話という、民主主義のひとつの効用ですかね。

あとがき

早野　透

ことし二〇一八年の八月一五日は、そう、あの太平洋戦争の敗戦の日から七三年になる。日本の現代史は、「戦後何年」という数え方をしてきたから、ことしは「戦後七三年」である。いやはや、もうそろそろ、あの戦争を起点とする、そういう言い方は止めどきかもしれない。ほとんどの日本国民が戦争の話など親にきいただけになっているのに、このままいけば、「戦後八〇年」とか「戦後一〇〇年」ということにもなる。それは、さすがにおかしい。

しかし、どうも我が世代、自分たちの生きている時代の意識は、「戦後」というのがいちばん合っている。実は、この本、『国権と民権』の著者である佐高信も早野透も、あの敗戦の年、昭和二〇年、一九四五年の生まれなのであって、当年とって七三歳、「戦後」

と同い年なのである。いろいろあったなあ、戦後すぐの幼年期はひもじかったなあ、六〇年安保闘争というのがあって、あれで「政治」に目覚めたなあ、大学紛争でもみくちゃになったなあ、中国とも国交回復、なんだかうれしかったなあ、そんなこんなしているうちに、えっ七三歳！

時代区分のことをいえば、むろん、日本には元号がある。この間、「昭和」から「平成」に移った。来年、二〇一九年にはまた、元号が変わるらしい。しかし、実は、我々の世代は、これらの元号では、「自分たちの時代」を表現しにくい。どういうことか。

「昭和」は、一九四五年、昭和二〇年の八月一五日の敗戦の日を境に、二分される。それ以前は「戦前」、国民はうっかりモノも言えない軍部支配の世の中だった。「戦後」は、アメリカ軍が日本に進駐する中で、民主主義憲法ができて、いまの自由な世の中に変わった。敗戦の前と後では、時代像が正反対、従って「昭和」は、ひとつのイメージを結ばない。まあ、むろん、戦争に苦しめられた時代が終わってよかった、しかし、戦地に死に、空襲に死んだ三〇〇万人の同胞を思うと、うん、我々の生きている時代は「昭和」より、むしろ「戦後」という呼称を続けたほうがいいかもしれない。歴史を忘れるべきではないという想《おも》いをこめた時代認識として、それがいいかもしれない。

さて、「昭和」を継ぐ「平成」は来年で終わり、その三一年間はなんだか知らない間にあっという間にすぎたようで、その間に何があったか、平成とはどんな時代だったか、これまた、ひとつのイメージを結ばない。そんなわけで、元号ではなかなか時代の区切りがつかない。依然として「戦後」が生き延びるゆえんである。

その「戦後」と同い年の佐高信と早野透は、これまでにふたりの共著を一冊出しており、今回は二冊目である。さきに出したのは、やはり集英社新書で、『丸山眞男と田中角栄』(二〇一五年)というタイトルのふたりの対談本である。

これは「戦後」という時代を代表するふたりの人物、その一人は丸山眞男、戦後すぐ、東京大学法学部助教授のとき、雑誌「世界」(一九四六年五月号)に「超国家主義の論理と心理」と題する論文を書いて、戦前の抑圧的な軍国支配構造をあばき、往時の日本人に「おれたちが生きてきた時代はそういうことだったのか」と感銘を与えた。その翌年、もう一人の田中角栄は若き衆議院議員として戦後の民主政治の実践の場にいく。

早野は、大学で丸山のゼミ生、佐高は別の大学なのに丸山の授業にもぐりこんで聴講したという関係、田中角栄はいわずと知れた、戦後の日本政治をよくもわるくも振り回した人物、総理大臣をきわめ、最後はロッキード事件という国際汚職事件で罪に問われることになる。早野も佐高も「丸山と角栄」に、ともに「戦後民主主義」をシンボライズする存在感を感じて論じ合ったのが『丸山眞男と田中角栄』なのである。丸山には戦後民主主義の理想を、角栄にはその堕落を描いた。その副題は、「「戦後民主主義」の逆襲」である。

そして今回、ふたりで『国権と民権』と題する本書をつくった。『国権と民権』は、いわば『丸山眞男と田中角栄』の続編といえるかもしれない。『丸山眞男と田中角栄』と『国権と民権』は、ぼくたちが生きてきた「戦後」の日本政治に関する、佐高と早野による、ひと繋がりの考察であり、論稿なのである。あわせ読んでいただければ、さいわいである。

その『国権と民権』のタイトルで、「戦後」と同い年のふたりが論じ合ったのは何か。すでにふたりの対論の本文には目を通していただいたと思うけれど、本書は、我々と同世代の政治家、加藤紘一の死から語り出している。彼はおそらく、「戦後民主主義」をもっともナイーブに表現、体現していた政治家だったと思われる。

私が一線の政治記者だった時代、日本政治は、「三角大福中」の五派閥の攻防、合従連衡で政権が形成されていた。それは、日本国憲法の民主主義のもとで営まれながら、実は、自分たちの利害損得、狭い仲間意識、オモテよりウラの駆け引きといった側面をあわせもっていた。

加藤紘一は、そんな時代にたてついて、そんな時代の政治を変えようとした先駆だったといっていい。旧時代の残滓《ざんし》ともいうべき、往時の森喜朗首相を退陣に追い込むべく、いささか未熟さを感じる政治行動に立ちあがったが、やはり未熟さゆえに敗れたといえるかもしれない。

加藤紘一をその一人とするＹＫＫ——山崎拓、小泉純一郎、そして加藤紘一、この三人は、旧派閥時代から日本政治を脱皮させるべく、それぞれのやりかたで挑戦した。小泉は内閣総理大臣になって、ひと時代を築いた。そして、三人の知恵袋というべきか、思想の源泉というべきか、田中秀征という切れ者がいた。さらには、三人の影には、小沢一郎という人物が存在していた。田中角栄という「戦後」を彩った稀代の人物のもとで政治を学んだ小沢は、「国権と民権」のはざまにいて、時代形成にかかわり続けた。

これら自民党の系列だけではない。一方では、社民党の土井たか子が辻元清美や保坂展人らを率いて、「市民政治」のありようを示し、求めた。その流れが、いまも枝野幸男らに引き継がれている。「国権と民権」、その関係はいかにあるべきか、その問いも彼らに引き継がれているのである。

佐高と早野は、日本政治の新しい局面を語ろうとして語りつくしているかどうか、読者諸賢はいま、ふたりの対論に目を通されて、あるいは、まだまだ、こんなものでは充分な分析になっていないぞ、日本政治の未来像への指針になっていないぞ、ひいては国民の一人ひとり、その幸せへの方途を描いてはいないぞ、という思いを持たれているかもしれない。おそらくそうであろう。「政治」というのは、いわば無限曲線であって、そう簡単に結論が導き出せるというものではない。

日本政治が真の民主主義に育っていくかどうか、ふたりはさらに「国権と民権」のありようを注視していかねばならない。

二〇一八年七月二三日

佐高 信（さたか まこと）

評論家。一九四五年山形県出身。慶應義塾大学法学部卒。経済誌編集長を経て現職。著書に『自民党と創価学会』、『「在日」を生きる』（共著）ほか。

早野 透（はやの とおる）

政治コラムニスト。一九四五年神奈川県出身。東京大学法学部卒。元朝日新聞政治部次長。著書に『田中角栄　戦後日本の悲しき自画像』ほか。

国権《こっけん》と民権《みんけん》　人物《じんぶつ》で読《よ》み解《と》く　平成《へいせい》「自民党《じみんとう》」30年史《ねんし》

二〇一八年九月一九日　第一刷発行　　集英社新書〇九四九A

著者……佐高《さたか》　信《まこと》／早野《はやの》　透《とおる》

発行者……茨木政彦

発行所……株式会社集英社

東京都千代田区一ツ橋二-五-一〇　郵便番号一〇一-八〇五〇

電話　〇三-三二三〇-六三九一（編集部）
〇三-三二三〇-六〇八〇（読者係）
〇三-三二三〇-六三九三（販売部）書店専用

装幀……原　研哉

印刷所……大日本印刷株式会社　凸版印刷株式会社

製本所……加藤製本株式会社

定価はカバーに表示してあります。

ISBN 978-4-08-721049-1 C0231　Printed in Japan